Sylvester Jama

W0051655

Sei dein eigenes Licht!

Die heilende Kraft der Eigenverantwortung

Sei dein eigenes Licht!
Die heilende Kraft der Eigenverantwortung
© 2011 Sylvester Jama
1. Auflage
Herstellung und Verlag: Books on Demand GmbH, Norderstedt
ISBN 978-3-8423-6815-6

Covermotiv „Tree" © digitalart from http://www.freedigitalphotos.net

Dieses Buch sei als eine Inspiration zu verstehen – es ist ein weiter Weg!

Möge der Leser die Grammatik- und Rechtschreibfehler bitte verzeihen!

Kapitelübersicht

Einführung

Die meiste Zeit deines Lebens verbringst du in einem Schneckenhaus, einer komprimierten Blase, die du für den einzigen möglichen Lebens- und Zufluchtsort hältst. Die meiste Zeit deines Lebens ahnst du nicht, dass sich außerhalb deiner gewohnten Wahrnehmung noch viele weitere befinden. Diese Formen des Bewusstseins sind nur durch eine hauchdünne, unsichtbare Membran von deiner Alltagswahrnehmung getrennt. Es handelt sich dabei um Wahrnehmungen der Freiheit, der tiefen Freude und der Einheit. Nur sehr selten erkennst du dein Potenzial, aus dieser Wahrnehmung der Freiheit heraus zu leben. Nur in wenigen Momenten ahnst du, dass dieses Bewusstsein bereits in vollen Maßen in dir lebt.

Anstelle der Selbstverwirklichung hast du dich für ein Leben aus einer Perspektive entschieden, die dich gefangen hält. Eine Perspektive, in der du dich wie ein Gefangener innerhalb deiner eigenen Person fühlst. Du kannst jedoch jederzeit zur Freiheit erwachen und entfesselt leben, denn du bist in der Lage zu erkennen, dass du diese grenzenlose Freiheit selbst verkörperst.

Du musst nicht der Insasse deiner eigens kreierten Zelle sein. Fange an, deine alltägliche Wahrnehmung zu hinterfragen, werde dir deiner Freiheit bewusst und du wirst beginnen, deine freie Existenz zu leben und zu lieben. Von Natur aus bist du dazu fähig, Eigenverantwortung zu übernehmen. Wenn du für dein gesamtes Leben Verantwortung übernimmst, dann wirst du dein Leben nicht mehr ablehnen können. Du kannst dich und den stetigen Lauf der Dinge in jedem Augenblick lieben, ohne jemals an der Existenz dieser grenzenlosen Liebe und Freiheit zu zweifeln. Die Liebe ist die Freiheit und die Freiheit ist die Liebe. Wenn du deine Freiheit erkennst, dann wirst du dich mit der Welt auf liebevolle Weise verbinden können, ohne gefesselt zu sein. Du wirst fähig sein zu leiden, ohne an diesem Leid zu zerbrechen. Aus deinem klaren Bewusstsein heraus wirst du erkennen, dass du bereits alle optimalen Voraussetzungen für ein erfülltes Leben besitzt. Die Widerstände ein Teil der irdischen Existenz zu sein, werden verschwinden und deine Ausdehnung wird gleichbedeutend mit der größtmöglichen Freiheit sein.

Du musst nicht hoffen, glauben oder religiös sein, um diese selbstverständliche Freiheit in dir zu entfachen. Einzig und allein musst du bereit sein, den gewohnten Kreislauf deiner Wahrnehmung zu durchbrechen und bewusst dahinter zu schauen. Statt den größten Teil deines Lebens auf Erlösung zu hoffen, kannst du einfach nur in dem augenblicklichen Moment Verantwortung für dich selbst übernehmen. Wenn du diese Eigenverantwortung übernommen hast, kannst du gar nicht mehr am Leben zerbrechen, weil du dann das Leben selbst bist. Du übernimmst einfach Verantwortung für deine Vergangenheit, deine Handlungen, deine Charaktereigenschaften und für das Leben selbst. Auf jeden Fall wirst du erkennen, dass du gar nicht anders kannst, als dein komplettes Leben vollkommen anzunehmen. Deine persönliche Existenz wird von nun an deine eigene Entscheidung sein. Nimm diese Entscheidung immer mit einer klaren Bewusstheit an und du wirst dein Leben nicht mehr ablehnen können. Das Gefühl, für dich selbst über dein Glück und Unglück zu entscheiden wird zur größten Freiheit deines Lebens.

Der Weg dieses Buches ist die Entwicklung und die Kultivierung von Eigenverantwortung. Die Inhalte sind nichts anderem verpflichtet. Sie wollen dich nicht davon überzeugen, du könntest alleinig von den hier enthaltenden Worten befreit werden. Sie wollen dich ganz und gar dazu anregen, einen bewussten und ehrlichen Weg zu gehen. Nichts weiter. Die heilende Freiheit wird schließlich aus dir selbst heraussprudeln, ohne jegliches Zutun dieses Buches.

Ich habe das Buch in verschiedene Lebensbereiche gegliedert, für die du bewusst Verantwortung übernehmen kannst. Jeder Lebensbereich steht für sich und bedingt einander. Jeder Teil deines Lebens ist ein Mosaikstein deiner ganzheitlichen Existenz. Um eine gesunde Existenz auf der Erde aufzubauen, wirst du im ersten Teil des Buches mit den irdischen Bereichen deines Lebens konfrontiert. Erst im weiteren Verlauf des Buches wirst du dich als integrierte Persönlichkeit den feineren spirituellen Dimensionen deines Lebens widmen. Für eine vollständige Existenz ist sowohl der irdische, als auch der spirituelle Aspekt von großer Bedeutung. Das Buch ist leicht geschrieben und verzichtet auf hochtrabende, intellektualisierte Worte. Ich werde in diesem Buch nicht über Erleuchtung sprechen. Dieser in Worte verfasste Begriff ist nur ein Konzept, welches für die meisten nicht nachzuvollziehen ist. Du brauchst dich nicht mit Erleuchtung zu beschäftigen oder gar danach zu streben, um erleuchtet zu leben. Abstrakte Konzepte sind vielmehr hinderlich, um sich der Gegenwart und deiner Freiheit vollends hinzugeben.

Sei dein eigenes Licht!

"Sei dein eigenes Licht!" ist ein bekannter Ausspruch des indischen Weisen Jiddu Krishnamurti. Auch Buddha selbst soll ihn bereits verwendet haben. Dieser Ausspruch ist keine positive Affirmation und verkörpert auch keine Lehre. Es ist schlicht und ergreifend die einzig konsequente Form des Lebens. "Sei dein eigenes Licht" bedeutet, dass alles aus dir selbst herauskommen kann. Du brauchst keine Lehrer, keine Gurus und keine Weltanschauungen, um ein glückliches und der Freiheit verpflichtendes Leben zu führen. Du hast alles selbst in deiner Hand, du bist deine eigene vollkommene Möglichkeit, innere Wandlung und Transformation zu erfahren. Du bist nichts weiter als ein stets erstrahlendes Licht, das weit über deine irdische Existenz hinaus scheint. Dieses Licht birgt die Möglichkeit grenzenloser Freiheit.

Du bist selbst in der Lage bewusst zu erkennen. Du bist selbst in der Lage, dich dem Schleier der Unwissenheit zu entledigen und von Abhängigkeiten freizumachen. Dies alles kannst du selbst verkörpern, dies alles bist du selbst und dies alles wirst du immer bleiben. Liebe, Freiheit und tiefe Erkenntnis wird immer aus dir selbst herauskommen. Niemand kann dir etwas überreichen, wenn du nicht in der Lage bist, es in deinem Inneren anzunehmen. Der Schlüssel zur Freiheit liegt also ohne Zweifel in deiner eigenen Person.

Aus welchen Beweggründen möchtest du einer Lehre folgen? Legst du deine Hoffnung darauf aus, durch die Lehre befreit zu werden? Willst du damit die letzten Fragen deiner Existenz klären? Möchtest du aus dem Kreislauf der Wiedergeburten hinaustreten oder Erleuchtung erfahren? Warum versuchst du das Heil außerhalb von dir selbst zu suchen?

Du möchtest das vielleicht, weil du nicht deine Qualitäten und Möglichkeiten erkennst. Du glaubst, dass Erkenntnis und Heilung nicht in deiner Hand liegen. Aus diesem Grund gibst du deine Verantwortung ab, du gibst sie in die Hände von anderen, weil du dir davon Vorstellungen der Heilung ausmalst. Warum möchtest du Bilder erschaffen und ihnen folgen, wenn alle

Bilder, die du brauchst, bereits in dir selbst vorhanden sind? Warum hoffst du auf Wunder, wenn bereits das ganze Wunder nur darauf wartet, sich in dir zu manifestieren?

Niemand anders kann dich befreien, nur du selbst. Natürlich kannst du dich inspirieren und dir dabei helfen lassen, deinen Geist und dein Herz zu öffnen, aber die Erkenntnis liegt in deiner Hand. Wie reagierst du auf diese Aussage? Macht sie dir Angst, weil du dir das nicht zutraust? Das ist normal. Dein Bewusstsein sagt dir, dass du nicht die Möglichkeiten der eigenen Befreiung besitzt, weil du nur ein Mensch von vielen bist. Ein Mensch, der mit Schwächen bestückt ist und leidet. Der Weg der Selbstverantwortung ist immer durchsetzt von Angst. Schließlich kann man die Ursachen der Unvollkommenheit dann nicht mehr im Äußeren oder in anderen Menschen suchen. Du bist ganz auf dich selbst gestellt. Wenn du aber wirklich Eigenverantwortung übernimmst, wird sich die Angst nach einiger Zeit auflösen. Du wirst dich dann selbst beobachten, untersuchen und erkennen können. Alles was du jemals gesucht hast, liegt in dir. Vergraben in einer Illusion, dein Heil außerhalb von dir selbst zu finden.

Erkenne augenblicklich, dass du selbst dein immer gesuchtes Heil inne trägst. Es ist deine Existenz, die bereits jegliches Heil auf Erden verkörpert. Sehe ein, dass du alle Qualitäten, alle Fähigkeiten und Möglichkeiten bereits in dir hast. Werde dir bewusst, dass Veränderungen immer aus deinem Inneren heraus kommen und deine Möglichkeiten der Wandlung in jedem Augenblick unerschöpflich sind. Du brauchst nicht einmal zu hoffen, weil jegliche Hoffnung bereits in dir steckt.

Sein eigenes Licht zu sein bedeutet, dass du für alle deine Erfahrungen Verantwortung übernimmst und die heilende Kraft aus dir selbst herausschöpfst. Verantwortung bedeutet, alles, was dir widerfährt zu akzeptieren, ohne Widerstände zu haben, zu zweifeln oder daran zu zerbrechen. Du kannst deine Emotionen, dein Glück und dein Leiden als etwas aus dir heraus Sprudelndes erkennen. In Wahrheit gibt es nichts im Leben, was gegen dich wirkt. Es gibt nichts im Leben, was gegen dich ist, weil du das ganze Leben in dir trägst und dementsprechend für alles Verantwortung übernehmen kannst.

Untersuche dich und erkenne, dass du all deine Prozesse selbst erzeugst. Wenn du leidest, dann ist es dein selbst gewähltes Leiden, wenn du zweifelst, dann willst du zweifeln. Wenn du dich minderwertig fühlst, dann nur deshalb, weil du dich selbst zum Opfer der Außenwelt machst. Du kannst deine ganzen Leidensenergien auch einfach als etwas zu dir Gehörendes akzeptieren. Du wirst dann auf der Stelle aufhören, an deinen Zuständen zu verzweifeln und wirst das Leid als ein selbst gewähltes Schicksal wahrnehmen. Freiheit wird sich in dir entfalten, weil du merkst, dass nichts in der Außenwelt dir irgendetwas antun kann oder dich bedroht. Du wirst dein eigener Herr und Macher deines Lebens.

Hinterfrage deine Motive. Schaue, wo du deine Kraft und deine Hoffnung ablegst. Wo gibst du deine Verantwortung ab? Wer ist eigentlich für dein Heil verantwortlich? Du wirst erkennen, dass niemand außer dir selbst für dein Heil verantwortlich sein kann. Aus diesem Grund benötigst du auch keine Heilsversprechen, um frei von Leiden zu sein. Das größte Versprechen an die erfüllende Freude und die Welt bist du selbst. Du kannst dich jederzeit selbst als Träger deines wahren Heils erkennen.

Es ist nicht förderlich, wenn du deine ganze Energie verbrauchst, in dem du deine Hoffnung in immer anderen Lebensumständen, Ereignissen, Orten und Mitmenschen suchst. Benutze deine Energie, um dir deiner freien Existenz bewusst zu werden und nicht um dich selbst zu zerstören. Jegliche Selbstzerstörung ist dabei nichts anderes als mangelnde Eigenverantwortung. Wenn du Verantwortung übernimmst, macht es keinen Sinn mehr, dich selbst zu zerstören. Du bist für deine komplette Existenz selbst verantwortlich, du hast die immerwährende Fähigkeit, glücklich und frei zu sein.

Warum möchtest du lieber einer anderen Hoffnung folgen, als der in dir vorhandenen? Warum kannst du dich selbst nicht als den Träger dieser Hoffnung sehen? Ist das Freiwillig? Sprudelt deine Entscheidung wirklich aus dir selbst heraus oder glaubst du an die Hoffnung da draußen, weil du dir davon Freiheit vom Leiden erhoffst? Im reinen Glauben kann es niemals wahre Freiheit geben, denn Glauben impliziert einen Mangel in der Gegenwart. Wenn du glaubst, dann ist etwas nicht im Jetzt vorhanden. Wenn du glaubst, dann lenkst du deine Aufmerksamkeit von der unerschütterlichen Kraft deiner eigenen Person weg. Diese unerschütterliche Kraft ist und war in jedem Augenblick in dir vorhanden. In dir kannst du alles finden, was du für ein von Freiheit bestimmtes Leben brauchst. Du bist ganz und gar selbstbestimmt und hast dich entschieden, am Leben zu sein. Deshalb ist alles, was du zum Leben benötigst, auch in dir vorhanden.

Lese die Zeilen nicht als Lehre, die dir Hoffnung gibt. Du kannst die Hinweise lesen, aber du kannst aus ihnen keine Lehre machen, der du folgen musst. Du musst gar niemandem folgen. Du kannst diese Worte nicht zum Heilsversprechen instrumentalisieren. Allerdings kannst du sie dafür nutzen, dich selbst besser zu erforschen und deine Prozesse zu durchleuchten. Die Inhalte dieses Buches können dir dabei helfen, dich von Missverständnissen und Vorurteilen deiner Person gegenüber zu befreien. Du kannst sie gebrauchen, um zu einer klaren Geisteshaltung zu gelangen, die es dir erleichtert, eine tiefe Erkenntnis über dich und das Leben zu bekommen.

Jeder Versuch diese Worte als Idcologie oder Lehre zu erfassen wird scheitern, denn sie stellen keine Ideologie dar. Diese Worte versprechen dir keine Erlösung. Sie besagen allein, dass du selbst deine Erlösung bist. Alles Wahre, Schöne und Gute kommt aus dir selbst heraus, aus deinem Herzen, deinem Verstand und deiner sinnlichen Existenz. Wenn du in diesem Moment aufhörst, nach einer Hoffnung außerhalb von dir selbst zu suchen, dann wird sich diese Hoffnung in deiner ganzen Existenz entfalten können. Nimm also deinen ganzen Mut zusammen und erfahre dich selbst als die unendliche Quelle deiner Möglichkeiten.

Die Stille deiner Gedanken

Wenn dein Denken zur Ruhe kommt, dann bist du frei. Wenn dein Denken dich nicht mehr belästigt, dann bist du glücklich. Glaube aber nicht, dass Denken etwas ist, was über dich kommt und dich dann nicht schlafen lässt. Du erzeugst deine Gedanken selbst, das musst du einsehen. Dein Kopf führt kein eigenständiges Leben, mit dem du nichts zu tun hast. Deshalb kannst du jederzeit auch selbst entscheiden, ob du weiter denken möchtest oder nicht. Es ist aber ein grundlegender Irrtum, wenn du glaubst, dass dein Denken Ausdruck deines freien Willens ist. Vielmehr wirst du von deinen Gedanken beherrscht: Sie halten dich in deinem Kopf gefangen und verhindern deine Ausdehnung. Versuche achtsam zu sein und einzusehen, dass du deine Gedanken auf beliebige Weise beeinflussen kannst.

Du kannst sowohl negative Gedanken erzeugen, als auch positive. Aber du musst bedenken, dass auch die vielen positiven Gedanken dich nicht ruhen lassen, denn du wirst versuchen, an ihnen festzuhalten, du wirst abhängig von ihnen, weil sie dich motivieren, dich zufrieden machen und dir Hoffnung geben. Deshalb ist es am besten, wenn du deine Gedanken ganz aufgibst. Dies klingt hart, ist aber die konsequenteste Form der Freiheit. Du musst jedoch unterscheiden zwischen passivem und aktivem Denken. Das passive Denken ist sehr ungesund. Es übermannt dich mit unzähligen, oft negativen Bildern deiner Vergangenheit, von denen du dich berieseln lässt. Du meinst, keine Macht über diese Art des Denkens zu haben, da es unkontrolliert über dich herfällt. Egal, was du tun möchtest, immer wieder fühlst du, dass du von Zweifeln und Grübeleien überfallen zu werden scheinst. Nach einiger Zeit gibst du dich dem passiven Denken einfach hin und lässt dich von ihm führen.

Du glaubst dabei nicht mehr, dass du diesen gedanklichen Energien entwischen kannst, sodass du den Zustand als selbstverständlich wahrnimmst. In Wirklichkeit ist es aber ganz simpel: Fange einfach an dich über die Welt deines Verstandes zu erheben, versuche sie dabei einfach von oben zu beobachten. Stelle dir vor, dass du ein schwebendes Auge bist, welches von oben auf deine Person schaut. In diesem Moment wirst du zum Beobachter deiner Gedanken, sie betreffen dich nicht mehr aus dem inneren heraus, sondern sind wie die Wolken am Himmel, die kommen und gehen. Sie sind da, haben aber nichts mit dir zu tun.

Aktives Denken erfolgt dagegen aus deiner Freiwilligkeit heraus, du entscheidest dich dann beispielsweise dafür, ein Problem oder eine Rechenaufgabe zu lösen. Die aktive Art des Denkens ist nötig, um seine irdischen Bedürfnisse zu decken und im gesellschaftlichen Austausch zu stehen. Sie sind auch keineswegs so schädlich. Das aktive Denken kommt nur zu dir, wenn du es auch willst. Es wird dich niemals übermannen können und dich gefangen nehmen, wenn du deine Prozesse bewusst und achtsam wahrnimmst.

Lasse dich von den Gedanken nicht mehr belästigen, denn sie hindern dich an deiner Entfaltung im gegenwärtigen Moment. Sie zentrieren deine Energie im Kopf und du fühlst dich ausgelaugt, kraftlos und deprimiert. Werde Herr über deine Gedanken. Sei das wachsame Auge, welches die Gedanken beobachtet, jedoch nicht an ihnen klebt.

Warum versetzen uns Gedanken oft in negative Zustände? Auch Gedanken sind Energien, die dich von deinem wahren Empfinden abschneiden, sie halten dich im Kopf gefangen. Dadurch fühlst du dich ungeerdet, du stehst mit deinen Füßen nicht mehr auf der Erde, du verlierst den Kontakt und bekommst Angst. Auch Angst ist ein Konstrukt deiner Gedanken. Wenn du es schaffst, Leer im Geiste zu sein, dann bist du selig und in dir ruhend. Es gibt dann nichts mehr, an was du festhalten willst, du wirst erkennen, dass deine Gedanken dir nicht dabei helfen, deine Lebensprobleme zu lösen. Ganz im Gegenteil: Vermeintlich rationale Lösungen entfernen dich vom grundlegenden Akzeptieren deiner Gefühle und Emotionen. Du wirst erkennen, dass deine Gedanken nicht dein wahrhaftiges Selbst sind und du wirst dich nicht mehr mit ihnen identifizieren. Identifikation bedeutet Anhaftung. Die Anhaftung bedroht deinen natürlichen Fluss des Lebens. Im Fluss des Lebens wirst du erst vollständig eintauchen können, wenn deine

Gedanken dich nicht mehr aus dem Hinterhalt angreifen. Das ist kein bloßes Konzept, du wirst es fühlen, so wie du es immer gefühlt hast, wenn dein Geist in der unmittelbaren Kraft der Ruhe war. Ohne Gedanken kannst du das Leben und die Dinge in der Welt intensiver spüren. Du siehst, wie sie wirklich sind, ohne von dem nebligen Schleier deiner unzähligen Grübeleien behindert zu sein.

Erinnerst du dich an einen friedlichen Augenblick, als du nicht in deinen Grübeleien verwickelt warst? War es nicht ein Gefühl der grenzenlosen Freiheit, Ausdehnung und Verbundenheit? Gedanken verhindern deine Ausdehnung, sie halten dich in deinem imaginären Schein gefangen und erlauben es dir nicht in Kontakt mit der Welt zu treten. Wahrer Kontakt beginnt erst, wenn du frei von den Gedanken bist. Wenn du frei von deinen Gedanken bist, schaffst du in dir einen weiten Raum, den du dafür benutzen kannst, dich mit dem Sein an sich zu verbinden.

Sich vom Denken befreien heißt aber nicht, dass du gar nicht mehr deinen Verstand benutzen wirst. Du wirst ihn aber nur benutzen, wenn du ihn tatsächlich brauchst. Du wirst ihn gebrauchen, wenn du einen Text liest, rechnest oder kalkulierst. Du wirst ihn aktiv gebrauchen und zwar aus deiner eigenen Entscheidung. Dein Verstand wird sich nicht mehr von deinen Gedanken überstülpen lassen. Du wirst dich nicht mehr von ihnen gefangen nehmen lassen, wenn du es nicht möchtest. Du wirst keine emotionalen Probleme mehr mit dem Verstand lösen, denn du siehst, dass du deine Emotionen am besten mit dem Körper fühlen kannst. Wenn du deine Emotionen, deine Wut, deine Traurigkeit und deine Eifersucht in die Gedankenwelt holst, dann entfernst du dich von ihnen. Sie werden dich dann fesseln und dich einnehmen, du wirst sie dann nicht mehr auflösen können. Mit den Gedanken kannst du nichts auflösen, du musst deine Emotionen als Körperreaktion fühlen, um sie zu verstehen und aufzulösen. Deine Gedanken sind nämlich nicht objektiv, sie sind geprägt von deiner Erfahrung, die mit dem Jetzt rein gar nichts mehr zu tun hat. Sie basieren auf vergangenen Erfahrungen, Urteilen und Mustern. Sie sind nicht mehr aktuell und daher auch nicht sinnvoll.

Fange an dich zu besinnen, meditiere und erkenne, dass du nicht einzig deine Gedanken bist, auch wenn du dich die größte Zeit deines Lebens im Kopf befindest. Erkenne, dass du das grenzenlose, freie Sein an sich bist. Erkenne, dass deine Gedanken all dies **nicht** sind.

Gedanken sind begrenzt, sie halten dich in einem beschränkten Bewusstsein, sie binden dich in dir selbst fest, du wirst dann nicht mehr bereit sein, die Schönheit der Welt und deiner Mitmenschen wahrzunehmen. Gedanken entfernen dich genauso von der Liebe. Liebe ist kein gedankliches Konzept, denn Liebe entsteht, wenn du ruhst. Versuche auch nicht nachtragend zu sein. Weißt du, was nachtragen bedeutet? Es bedeutet nicht nur, dass du nicht verzeihen kannst. Es bedeutet, dass du selbst eine Zeit nach dem Denken nicht von diesem ablassen kannst. Du trägst dein Denken immer weiter, weil du glaubst, dass es sich lohnt. Aber es lohnt sich nicht, an seinen Gedanken festzuhalten, denn sie verhindern bei dir das Eintauchen in den wundervollen und vorbehaltlosen Moment. Gehe also weiter mit dem Fluss des Lebens, statt dich in deiner Gedankenwelt zu verlieren. Weißt du, dass du deine Gedanken in den Schlaf trägst, in den nächsten Morgen und in dein ganzes Leben? Löse dich davon, gib dir einen Ruck und sei frei. Freiheit ist Gedankenlosigkeit. Freiheit ist das Loslassen von dem gedanklichen, quirligen Affen, der stets an dir nagt und dich ärgert. Mache dich auch frei von deinen vergangenen Erfahrungen, die sich in deinem Denken manifestiert haben. Du brauchst diese Art der Erfahrung nicht, du kannst viel mehr aus deiner tiefsten Intuition schöpfen und diese in jedem Augenblick neu gebrauchen. Vergangene Erfahrungen vernebeln dir die klare Sicht auf die Gegenwart, du wirst ein Sklave deiner gedanklichen Erfahrungen und teilst alles in Konzepte, Muster und Raster ein.

Wenn du lernst, deine Gedanken zu kontrollieren. Wenn du übst, nicht jedem Gedanken auf Schritt und Tritt zu folgen, dann wirst du in dir eine Seligkeit entdecken. Genieße deine Gedankenlosigkeit, denn sie ist leicht. Nur wenn du leicht bist, kannst du durch das Leben fließen. Du bist dann in der Lage mit einem Selbstverständnis durch die Welt zu wandern, ohne stets mit deiner Person in Konflikt zu kommen. Ohne die vielen Gedanken gibt es keine Konflikte. Dein Leben wird in sich selbst schlüssig sein, ohne überhaupt einen Gedanken an den Sinn zu verlieren. Über Sinn und Unsinn deines Lebens kannst du dich nur in der Gedankenwelt streiten. Wenn dein Geist ruht, dann ist alles tief erfüllter Sinn. Du wirst zum großen Beobachter eines wunderbaren Lebens.

Verwechsle tolle Gedanken nicht mit Intelligenz. Gedanken haben mit Intelligenz gar nichts zu tun. Intelligenz ist Freiheit und die damit verbundene Einheit von Körper und Geist. Intelligenz schließt auch deine Emotionen und deine Intuition mit ein. Wenn du Eigenverantwortung übernimmst, wenn du deine Emotionen akzeptierst, dann bist du ein wahrhaft intelligenter Mensch. Mit isolierten und theoretischen Gedanken wirst du dich in deinem Intellekt verzetteln, jedoch niemals die Freiheit wahrer Intelligenz spüren. Versuche daher, deine Gesamtexistenz zu leben, statt deine Aufmerksamkeit rein auf deine verkopften Ideen zu richten, denn nur so wirst du von einer tiefen Freiheit und Freude beseelt werden.

Liebe erfahren

Jeder Mensch hat eine Vorstellung von der Liebe. Er hat über die Liebe geschrieben, darüber philosophiert oder sie beim besten Willen gelebt. Keine andere Vorstellung liefert so viele Vorstellungen, wie die der Liebe. Es gibt die Liebe zu Gott, zur Natur, oder die Liebe zu einem bestimmten Menschen. Hier geht es um eine Liebe, die gleichbedeutend mit dem achtsamen Umgang mit dir Selbst ist. Es gibt nämlich keine Liebe ohne Bewusstheit. Warum ist das so? Bewusstheit schafft in dir einen Raum, den du benötigst, um Liebe in der reinsten Form zu kultivieren und zu geben.

Kannst du wahrhaftig lieben, wenn dein Geist voll ist von wiederkehrenden Gedanken und Problemen? Kannst du lieben, wenn du dich dem Moment nicht hingeben kannst, weil du an deiner eigenen Person leidest? Du kannst auch nicht aus moralischen Werten, aus Schuld oder aus der Pflicht heraus lieben, denn dann wäre es eine Liebe aus dem Kopf heraus. Es wäre eine Liebe aus Angst vor Abweisung. Liebe entsteht nicht aus Gewohnheit oder aus unseren Denkprozessen.

Erinnerst du dich noch an einen vollkommenen Moment der Liebe? Hast du die tiefe, intensive Empfindung erlebt, als du voll von dir selbst warst und die Gedanken sich über deine Sorgen kreisten? Wenn du wirklich liebst, dann bist du glückselig! Du kannst dich dem Gefühl der Liebe hingeben, wenn du leer und empfänglich in deinem Geiste bist. Du kannst lieben, wenn du in dir ruhend und still bist. Du erkennst, dass stetige Achtsamkeit in uns Raum schafft, der einen gegenwärtigen und tiefen Zugang zur Liebe ermöglicht. In dir existieren viele unerlöste Blockaden, Schmerzen und Probleme. Sie trennen uns von dem freien Fluss der Liebe. Wir sind dem ganzen aber nicht hilflos ausgeliefert. Du kannst etwas dagegen tun, in dem du aktiv Liebe praktizierst und damit deine Geistesfülle reinigst. Zwar ist die Liebe ein natürlicher Urzustand der inneren Ruhe. Sie ist aber oft durch unsere Ängste und Sorgen abgeschnitten. Es reicht also nicht, dass du dich dem Gefühl der Liebe einfach hingibst. Du kommst nicht umhin, Liebe aktiv zu praktizieren. Wenn du achtsam im Umgang mit dir selbst bist, dann fällt es dir leichter, dein Herz zu öffnen und liebend zu sein. Die Liebe unterstützt dabei die Genesung deiner Emotionen und lässt tief eingegrabene Verletzungen wieder ans Tageslicht kommen. Wenn du deine Blockaden auflösen willst und dabei Emotionen wie Hass und Gier konfrontieren möchtest, dann sei achtsam mit all deinen Regungen und Prozessen.

Beobachte deine Emotionen und schaffe Raum, die Liebe im gegenwärtigen Moment auszusenden und aufzunehmen! Wie kannst du aktiv Liebe praktizieren? Aktiv bedeutet keineswegs ein willentliches Lieben. Der Wille ist eine Konstruktion des Geistes. Liebe umfasst stets unsere ganze Person, sie kommt aus dem achtsamen Umgang mit unseren Blockaden, Emotionen und Gedanken. Du kannst überall Raum schaffen, hier und jetzt. Reinige dich! Der Raum wird dir dann für deine Liebesfähigkeit zur vollen Verfügung stehen!

Aktive Liebe erfordert von dir die konstante Auseinandersetzung mit dir selbst. Aber die Auseinandersetzung ist kein umherirren um die eigene Person und deine Emotionen. Es ist die bewusste Selbstbeobachtung. Stell dir einmal vor, dass du von den Worten einer dir nahestehenden Person verletzt wirst. Betrachte dabei jede Regung und jede Körperreaktion bewusst, bevor du dein Herz verschließt! Normalerweise kannst du nicht rechtzeitig reagieren. Im Moment der Verletzung wirst du unbewusst. Du füllst nicht deinen ganzen Schmerz, sondern spaltest dich automatisch von der Situation ab. Durch die Abspaltung verlierst du auch deine Liebe. Wir werden dann automatisch von unseren schlechten Gedanken überhäuft und ziehen uns zurück.

Egal wie schwer es dir im Moment der Verletzung auch fällt. Beobachte, ohne zu bewerten, und halte dein Herz offen. Du wirst viel gesünder und authentischer mit deiner Verletzung umgehen können. Aktives Lieben ist also auch das Offenhalten deines Herzens trotz Verletzung und Angriff. Du kannst achtsam mit deinen Schmerzen umgehen, statt dich von der Umgebung zu entfremden. Bleibe wachsam, statt dich in dein Schneckenhaus zurückzuziehen!

Wie bereits erwähnt, entsteht Liebe, wenn dein Geist leer ist und wenn freier Raum in dir vorhanden ist. Deshalb wird Liebe entstehen, wenn du lernst, dich achtsam anzunehmen. Dadurch integrierst du deine Probleme. Wenn du deine Prozesse bewusst wahrnimmst, dann werden dich Gedanken nicht mehr belästigen und deine Liebe nicht mit einem Schleier der Unklarheit bedecken. Vielleicht hast du eine idealistische Vorstellung von der Liebe? Du denkst vielleicht, dass du zu egoistisch für die Liebe bist? Vielleicht denkst du, dass Liebe nicht wehtut und selbstlos ist?

Vielleicht hast du recht. Universelle Liebe ist tatsächlich selbstlos. Aber lass dich nicht von diesen Idealen überrumpeln. Die Ideale nützen deiner Entwicklung nicht viel. Warum nützen sie dir nicht? Weil Liebe nichts Ideelles ist und kein mit dem Geist zu erzielendes Konzept.

Lass die Liebe in den gegenwärtigen Moment einkehren. Lebe sie bewusst, statt an romantischen Vorstellungen festzuhalten! Liebe erreichst du auch nicht, wenn du deine Affekte unterdrückst. Wenn du Eifersucht verspürst, dann unterdrücke sie nicht. Wenn du besitzergreifende Tendenzen in dir feststellst, dann nehme sie bewusst an. Durch die eigenverantwortliche Auseinandersetzung mit deiner Person kannst du aufhören, an deinen unverwirklichten Potenzialen zu leiden. Sei einfach ein ganzer Mensch. Fühle deine Eifersucht, erst wenn du **alles** fühlst, können sich deine Emotionen auch auf gesunde Art und Weise auflösen.

Erst dann wird sich bei dir eine Qualität ausbilden, die Liebe im ganzen Wesen zulassen kann. Du musst dabei deine Eifersucht nicht auf deinen Partner schleudern. Mache ihm keine Szene, denn er kann nichts dafür. Empfinde lieber was in deinem Inneren passiert und gestehe dir deine Emotionen ein. Unterdrückte Emotionen sind wesentlich schädlicher. Lasse also alles bewusst zu, betrachte alles und du kannst es automatisch wieder loslassen, ohne daran zu leiden. Es ist nichts verwerfliches, derartige Emotionen zu besitzen. Was passiert, wenn du deine emotionalen Energien unterdrückst? Die unterdrückten Energien werden direkt in dein unbewusstes Schattenreich katapultiert. Sie werden sich dann schädlicher in der Welt äußern, weil es dir an Bewusstheit fehlt. Wir verlieren dann die Kontrolle über sie. Sei werden sich dann auf extreme Weise in der Welt manifestieren oder aber wir projizieren sie auf andere Menschen.

Akzeptiere deine Emotionen, bewerte sie nicht, beobachte sie und du wirst wieder neuen Raum für deine wahrhaftige Liebe bekommen! Die Liebe zu Mitmenschen ist mit der Eigenliebe eng verflochten. Du kannst dich erst vollständig in Liebe mit der Welt verbinden, wenn du dich Selbst liebst. Schließlich bist du auch ein Teil des Ganzen, so gibt es keinen Unterschied zwischen Eigenliebe und universeller Liebe.

Schaffe auch Raum für die Liebe zu dir selbst! Beobachte dich und werde still. Die Liebe zu dir selbst wird automatisch in dich überfließen, du wirst einfach von der Energie der Liebe mitgenommen. Wenn du liebend bist, dann bist du Liebe. Wenn du Liebe bist, dann ist die Eigenliebe auch vollkommen. Eigenliebe ist nicht narzisstisch, sondern natürlich. Die Liebe ist allumfassend und du bist ein Teil dieses allumfassenden. Beobachte die Emotionen, die bei dir Selbsthass auslösen. Erkenne die Gedanken, die bei dir Selbstzweifel entfachen. Wenn du deine Muster mit einem wachen Geist betrachtest, dann werden sie sich auflösen. Du wirst einen Raum schaffen, wo Eigenliebe wachsen kann. Diese Liebe wird sich ausdehnen und die ganze Umwelt einhüllen.

Untersuche deine Emotionen gerade dann, wenn es dir am schwierigsten fällt. Wie reagierst du, wenn du abgewiesen oder verletzt wirst? Du spaltest dich oft von deinen Empfindungen ab, um den Schmerz nicht zu fühlen. Oder du lässt deiner Wut freien Lauf und überhäufst andere Menschen mit Vorwürfen. Wenn du deine schmerzhaften Emotionen blockierst, dann blockierst du gleichzeitig deine Liebesfähigkeit.

Du kannst stattdessen auch ganz anders vorgehen. Besinne dich einfach auf das körperliche Empfinden deines emotionalen Schmerzes. Widme dich deiner Herzregion! Betrachte das säuerliche Druckempfinden in deinem Brustbereich, während du verletzt wirst! Du wirst dir deiner Verletzung wie nie zuvor bewusst. Wenn du achtsam in dein Herz hineinatmest, kannst du blockierende und erstarrte Energien einfach wieder befreien. Das Herz offen zu halten bedeutet, sich seinem Herzen bewusst zu sein. Schaue, was in deinem Inneren geschieht und du wirst auf förderliche Weise mit deiner Wut und deiner Enttäuschung umgehen können. Du wirst dabei auch ganz für dich bleiben und die Prozesse in dir lösen. Du wirst vieles auflösen, ohne sich durch Vorwürfe mit anderen Menschen ungesund zu mischen.

Fällt es dir schwer zu verzeihen? Wenn ja, dann übe es! Verzeihen bedeutet nicht das bloße Abfinden mit deiner Wut. Echtes Verzeihen geht durch Mark und Bein und ist ein transformierender und spiritueller Prozess, der deine Person mit einschließt. Besinne dich einfach wieder auf unverarbeitete Situationen aus der Vergangenheit zurück. Lasse den Verdruss gegen die Person hochkommen, die dir den vermeintlichen Schmerz angetan hat. Empfinde deine Wut, lasse die ganze Energie an die Oberfläche kommen und unterdrücke nichts. Bleibe bei deinen Körperreaktionen und beobachte, wie du krampfst und rot anläufst. Wenn du alle Facetten der Verletzung hochkommen lässt, dann erlöst du die angestauten Energien. Du kannst daraufhin der Person wahrhaftig verzeihen. Nichts wird dich mehr vom Verzeihen abhalten und du wirst ein heilsames Mitgefühl für dich und die andere Person entwickeln. Dein Herz öffnet sich und du schaffst einen ausgedehnten Raum, der sich mit purer Liebe füllen wird.

Gesunde Bindungen

Was bindet dich, was schnürt dich fest? Hast du dir diese Frage schon einmal gestellt? Es sind nicht die äußeren Dinge, die dich gefangen halten. Sie binden dir keine schweren Ketten an deine Füße, denn niemand kann dich anketten. Du bist und du warst immer frei, aber du hast es aufgrund des Schleiers deiner Konzepte und Überzeugungen nicht erkannt. Du hast Überzeugungen über dich und über die ganze Welt gelegt. Niemand hat dich jemals in deinen Möglichkeiten beschränkt, auch wenn du es oft so gesehen hast. Du hast dir selber eine gesellschaftliche Rolle geschaffen, in der du deine Ziele definiert hast. Diese Ziele binden dich an dein Unglück, da du sie niemals in Perfektion erreichen kannst. Was wir nicht erreichen können, macht uns unglücklich. Warum willst du dann etwas erreichen? Der Augenblick genügt in seiner Vollkommenheit, um dich zufrieden zu machen. Alles, was äußerlich ist, kann niemals erreicht werden!
Werfe deine ganzen Ziele aus deinem Verstand und lebe endlich aus dir selbst heraus. Dann wirst du ohne Ziele glücklich sein, da jeder erlebte Moment bereits das Ziel innehaben wird. Du wirst dein Leben meistern, ohne dir etwas davon zu erhoffen, denn das Leben wird aus dir selbst heraus genug sein. Es wird erfüllt sein. Die Dinge, die du seit Lebzeiten aus einem Zweck heraus getan hast, entfalten nun ihre wahre Bedeutung. Du wirst endlich nur die Kraft des Daseins verkörpern, denn du erkennst, dass es keinen Unterschied zwischen dem angestrebten Ziel und dem einfachen Dasein gibt.

Du willst ständig deine gesellschaftliche Rolle manifestieren und suchst darin dein Lebensglück? Dieses von dir angestrebte Glück scheint ein Fass ohne Boden zu sein, denn es wird dich bis zu deinem Tode an etwas binden, was eigentlich nicht du bist.

Warum binden wir uns so ungesund an alles? Wir binden uns an das Leben, unsere Schönheit, die Gesellschaft und an leblose, materielle Produkte. Wir gehen mehr oder weniger freiwillig ein Abhängigkeitsverhältnis zu der Welt ein, in dem wir uns selber beschränken. Wir haben

Angst, uns nicht an Ideen zu binden. Wir haben Angst, einfach nur zu sein, weil dann unser Ego rebellieren wird und sich vergleichen möchte. Wir glauben, dass wir dann wertlos sind. Dieser größte Schatz ist aber deine Freiheit. Du wirst aus der Freiheit heraus lieben können, du bist nicht mehr ungesund vermischt und kannst deine Qualitäten in deinem ganzen Ausdruck verkörpern. In ungesunden Bindungen wirst du stets Angst haben, diese wieder zu verlieren. Du wirst dein ganzes Leben, deine ganze Zeit darauf richten, diese Bindungen aufrecht zu erhalten, deshalb wird in deinem Leben nichts mehr aus einer liebenden Ruhe heraus kommen.

Du fragst dich sicher, was sind dann die gesunden Bindungen? Gesunde Bindungen sind entfesselt und auf Freiheit basierend. Gesunde Bindungen sind keine Bindungen mehr, weil dich in dem Moment nichts mehr bindet, nichts mehr an etwas zuschnürt, da du aus dir selbst heraus agierst und lebst. Du liebst dann nicht mehr, weil du dich an die Liebe oder die Person, die du magst, gebunden hast und dich deshalb für etwas verpflichtet fühlst, sondern aus deiner ganzen Intuition heraus. Diese Freiwilligkeit entspringt auch nicht aus dem Gedanken, für die Zukunft vorauszuplanen oder dich für die Vergangenheit zu entschuldigen, sie wird in ihrer ganzen strahlenden Kraft aus dem freudigen Moment entspringen. Dein Handeln wird zwecklos sein, aber nicht weil es sinnlos ist, sondern weil dein Handeln bereits Sinn und Zweck an sich ist. Du wirst in deinem Dasein deine Erfüllung finden, nicht in deinen Zielen.
Du bist abhängig von den Meinungen anderer? Auch das ist eine Bindung, du bist gebunden an eine positive Bestätigung und du wirst ewig danach trachten, diese zu erlangen. Du wirst versuchen anderen zu gefallen, aber nicht weil du dir selbst gefällst, sondern weil du eine Bestätigung für deinen Wert brauchst. Wir sehen somit, dass wir uns aus einem Mangel heraus binden.

Im Spiegelbild der anderen möchtest du deine Qualität erfahren? Du fühlst dich erst als wertvoller Mensch, wenn du viele Personen um dich geschart hast, die deine Weisheit und deine Schönheit schätzen, die dich bewundern und mit dir befreundet sein möchten? Wenn du abends alleine bist, beginnst du an deiner Qualität zu zweifeln. Warum? Weil du der Überzeugung bist, dass es ein Indiz für die eigene Qualität ist, möglichst einen breite Menschenschar um sich zu haben. Du glaubst, dass andere Menschen deinen Wert steigern, du hast gedacht, es ist ein Zeichen deiner Qualität. Genauso ist es in deinem Berufsleben: Du kletterst die Karriereleiter nach oben, immer höher, weil es dein Selbstbewusstsein erhöht. Wenn du keine Beförderung bekommst oder gar arbeitslos wirst, bist du verzweifelt, apathisch und glaubst nicht mehr an deinen Wert. Du hast dich selbst von den Umständen abhängig gemacht, du hast es so exzessiv betrieben, dass du nun gefallen bist. Aber warum musst du in dieser Zweiteilung denken, warum kannst du nur entweder steigen oder fallen, warum kannst du nicht einfach nur sein, frei, strahlend und ohne Überzeugungen über dich und die Welt? Du bindest dich an falsche Überzeugungen, die dich in einen rastlosen Zustand versetzen. Du wirst immer danach trachten, Erfolge zu erlangen. Du bist gebunden an ein System, dass du dir selber geschaffen hast. Wir sehen also, dass wir uns aus falschen Konzepten binden.

Du bist begeistert von einem großen, anmutigen Weisheitslehrer, der dich mit seinen Worten zum schwelgen bringt. Er gibt dir Hoffnung, er scheint die Lösung deines Lebens zu sein. Du schätzt seine Worte über alles und du wirst alles tun, um ihm zu zeigen, dass du ein strebsamer Schüler bist. Du gibst nicht nur all deine Hoffnung, all deine Freiheit ab und gibst sie deinem Lehrer in die Hände, du hast ihm bereits soviel Macht gegeben, dass er über deine Existenz entscheiden könnte. Du hast dich selbst verloren und scheinst durch seine Lehre und sein Charisma zu leben. Die Machtverhältnisse sind ungleich verteilt, denn du hast ihm von dir aus dein ganzes Leben gegeben. Du musst darum bangen, dass er dich weiterhin aufnehmen wird. Wenn du aber eine Ablehnung von ihm bekommst, wird seine Lehre keinen Sinn mehr für dich machen. Du hast seine Lehre nur angenommen, weil du dir eine Wertsteigerung deines Selbst davon erhofft hast. Nun wird deine ganze Hoffnung zerbrechen und du musst schmerzhaft wieder von vorne anfangen. Du hast dich ungesund gebunden, weil du deine ganze Macht abgegeben hast, in der Hoffnung ein besserer Mensch zu werden. Wir sehen, dass wir uns auch aus Minderwertigkeitsgefühlen binden.

Das ganze Leben warst du strebsam und hast dir ein gutes Vermögen aufgebaut, ein Haus errichtet und einige Autos erworben. Du identifizierst dich mit deinem Reichtum und hast Angst, ihn zu verlieren. Du wirst deine Mitmenschen mit Argwohn betrachten, da du glaubst, dass jeder von deinem Vermögen profitieren möchte. Du hast solch eine Angst, das alles wieder zu verlieren, dass du zwanghaft daran fest klammerst. Du isolierst dich von deinem Herzen und deiner Liebe, weil du die ganze Zeit damit beschäftigt sein wirst, dein Vermögen von den Fängen anderer zu bewahren. Du wirst dein Leben nicht mehr genießen können, denn die Angst wird größer sein, eine Angst, die nicht hätte sein müssen. Es ist eine Angst, die du dir selber geschaffen hast, da du dich zu sehr an deinen materiellen Besitz gebunden hast. Wir sehen, dass wir uns selbst an unsere materiellen, toten Dinge binden.
Wie kommen wir aus unseren ungesunden Bindungen heraus? Dies ist nicht schwer, du musst nur erkennen, aus welcher Intention heraus du die Dinge tust. Wenn dich etwas in Angst versetzt, du dich unter Druck fühlst etwas zu erreichen, wenn du dein Wert von etwas äußerlichem abhängig machst, frage dich stets: Bin ich hier eine ungesunde Bindung eingegangen? Habe ich mich von einem System vereinnahmen lassen, welches mich unglücklich und rastlos macht? Trete dann einfach aus diesem System wieder heraus, du kannst dir sagen: Ich werde diese Bindung auflösen, weil sie mich unglücklich und rastlos macht. Ich werde diese Bindung auflösen, weil sie mich in der Entfaltung meiner wahren Qualitäten hindert.

Es handelt sich dabei um eine Bindung in dir, die dich abhängig macht. Du musst dafür nicht alles in der Welt aufgeben. Es reicht absolut, dass du deinen Geist davon befreist. Von diesem Augenblick an wirst du auch erkennen, dass du frei bist und die Dinge nun aus der Freude am Leben selbst heraus tun kannst. Wir werden Menschen beglücken, aber nicht weil wir an ihre Meinung gebunden sind, sondern weil wir sie lieben und schätzen. Du wirst eine neue Qualität deines Bewusstseins entfalten, du wirst besser schlafen können und keinen Stress mehr haben, denn du wirst deinen Wert nie wieder von einem künstlich geschaffenen System abhängig machen. Erwache aus deinem Albtraum, der dich in Angst versetzt. Es ist eine künstliche Angst, es ist die Angst etwas zu verlieren, was du gar nicht hast. Du kannst deinen Wert nicht verlieren, weil es keinen Wert gibt, der zu definieren wäre. Deshalb kannst du nicht deinen Wert von anderen abhängig machen und deshalb brauchst du dich auch nicht ungesund binden. Du wirst von nichts mehr abhängig sein, außer vielleicht von deiner strahlenden Freiheit, die eine Selbstverständlichkeit sein wird. Du wirst deine neu gewonnene Freiheit lieben und deine Beziehungen werden nicht mehr von einem Schleier der Abhängigkeit durchtränkt sein. Du wirst mit einer neuen Geisteshaltung leben, die keine ungesunden Konzepte mehr kennt. Du wirst vollkommen in die Ruhe deines Seins eintauchen können.

Körperbewusstsein

Hauche deinem Körper wieder Leben ein! Lebe aus deinem Körper heraus und genieße ihn! Dein Körper ist dein Freund und keinesfalls ein Stück abgesonderter Materie, die du bekämpfen musst.

Dein Körper ist ein Ausdruck deines Befindens und ermöglicht dir deine irdische Existenz. Baue wieder ein gesundes Vertrauen zu deinem Körper auf, denn er ist nicht dein Feind. Weißt du, dass eine gesunde Verbindung zu deinem Körper sehr wichtig ist? In vielen spirituellen Traditionen wurde körperliche Askese betrieben, um zum wahren Selbst zu gelangen. Es ist ein Irrglaube. Glaubst du, dass du zum wahren Selbst finden wirst, wenn dein Körper vor Schmerzen krampft? Glaubst du, dass du zu deinem wahren Selbst finden wirst, wenn du Hunger leidest? Das wahre Selbst schließt den Körper mit ein. Erst ein gesunder Körper bietet dir die Möglichkeit, dich nicht mehr mit ihm zu beschäftigen.

Wenn du voller Schmerzen bist, dann wirst du dich nie zu einer Einheit ausdehnen können. Ganz im Gegenteil: Die Schmerzen werden dich weiter in deiner isolierten Existenz bestätigen. Du kannst deshalb sehen, dass eine gesunde Verwurzelung zu deinem Körper die Basis deiner Entwicklung ist. Du bist oft nicht mehr in der Lage mit deinem Körper in eine innige Verbindung zu treten und ihn bewusst wahrzunehmen. Doch was bedeutet das? Du hast die Neigung, dich von deinem Körper abzuspalten und große Teile deines Lebens in einer Zweiteilung zu verbringen. Dann funktionierst und handelst du nur noch als deine Gedanken. Die komplette Empfindung dich als Gesamtkunstwerk von Körper und Geist zu empfinden ist hingegen in weite Ferne gerückt.

Fühlst du noch die Zehenspitzen, den Beckenbereich und deine Beine während du dich auf einem Spaziergang befindest? Du verlierst dich in deinen Gedanken und scheinst abgesplittert nur noch als Kopf durch die Welt zu wandeln. Diese ungesunde Entfremdung von deinem Körper birgt viele Gefahren. Schmerzen und Spannungen entstehen und werden nicht mehr als etwas von dir Verursachtes wahrgenommen. Du hast so sehr den Kontakt zu deinem Gesamtorganismus verloren, dass sich Schmerzen selbstständig und unabhängig von dir machen. Es plagen dich dann Kopfschmerzen und Rückenschmerzen. Sie ärgern dich und lassen dich nicht in Frieden. Aber du denkst dir nur: Damit habe ich nichts zu tun!

Lasse deinen Körper wieder ein Teil von dir sein. Er gehört zu dir und ist untrennbar mit dir verbunden. Wenn du deinen Körper ablehnst und ihm keine Achtsamkeit mehr schenkst, dann arten deine Schmerzen aus. Wenn du ihn nicht bewusst wahrnimmst, werden dich die Schmerzen zunehmend bedrohen. Du bist mit deinem Körper geboren, um mit ihm und nicht gegen ihn zu leben. Deine Emotionen hast du aber dem körperlichen Empfinden entzogen und deine Gefühle empfindest du nur noch als immer wiederkehrende Gedanken? Schaue einmal genau hin und du wirst erkennen, dass sich jegliche Erregung und Wut von dir zuallererst im Körper ausdrückt. Dein Körper krampft vor Wut. Er beengt deine Gurgel vor lauter Angst. Er lässt die Hitze der Erregung in deinen Kopf steigen.

Kehre zu deinem Urzustand zurück. Nimm deine Emotionen dort war, wo sie entstehen, nämlich im Körper. Empfinde deinen ganzen Körper ungefiltert und ohne ihn zu bewerten! Nur so kannst du die Emotionen am Schopfe packen. Du wirst sie in dem Augenblick des Entstehens als reine Energie wahrnehmen. Dies passiert, bevor sie von deinen Gedanken deformiert werden. Nimm die Emotionen wieder als Körperreaktion wahr, denn wenn du das tust, dann sind sie nicht mehr so schädlich. Ihnen fehlt dann die Macht. Emotionen sind nur Furcht einflößend, wenn du sie in deinen Kopf holst. Erst dann wirst du von ihnen kontrolliert und erst dann fällt es dir schwer sie im Körper zu fühlen. Der Grund dafür ist deine mangelnde Verwurzelung innerhalb deiner physischen Existenz. Es ist nicht so schwer, wieder Kontakt zu deinem Körper aufzunehmen. Werde dir dem Empfinden deines Körpers noch in diesem Moment bewusst. Fühle ihn einfach ohne Umwege! Wenn du sitzt, dann nimm den Druck deiner Sitzhöcker wahr. Fühle alle Partikel deines Körpers. Wenn du spazieren gehst, dann trage nicht nur deine Gedanken mit dir. Spüre deine Füße, dein Becken und das Gewicht deines Körpers. Lerne deinen Körper wahrzunehmen. Deine Spannungen und psychosomatischen Schmerzen werden sich dann schnell auflösen und dein Körper wird wieder dein bester Freund. Du wirst ihn nicht mehr als Feind betrachten, der dich immer ärgert und vom Lebensglück abhält.

Was empfindest du gerade? Besinne dich auf deinen Körper, auf deine Füße und deine Finger, während du diese Zeilen liest. Sei mit deinem ganzen Organismus dabei. Lese nicht nur mit dem Kopf. Schließlich bist du ein Zusammenschluss von Körper und Geist!
Dieser Zusammenschluss ist untrennbar. Wenn du dich spirituell weiterentwickeln möchtest, dann darfst du deinen Körper nicht im Stich lassen. Wenn du zu purer Energie werden möchtest, dann behandele deinen Körper mit großer Sorgfalt. Erst dein integrierter, wahrhaftig empfundener Körper kann auch losgelassen werden.

Beende deine Körperfeindlichkeit! Gebe deinem Körper wieder die nötige Aufmerksamkeit. Ein kranker Körper wird dich stets mit Schmerzen malträtieren. Er wird dich von deiner Ganzheit abhalten und du wirst es schwer haben, dich auf die feinstofflichen Energien zu besinnen. Du wirst Schwierigkeiten haben, Raum zu schaffen, da der schmerzende Körper ihn vollständig einnehmen wird.

Entdecke die Ursachen deiner körperlichen Leiden. Dein Körper schmerzt dich nicht willkürlich, er will dir etwas sagen. Versuche die Botschaft deines Leidens zu entschlüsseln: Er will dir zeigen, dass etwas mit deinem Gesamtorganismus nicht in Balance ist. Viele körperliche Leiden kommen nicht aus dem Nichts, sondern haben eine tiefe Ursache in deiner Biografie. Es sind oft längst verdrängte und unbewusste Emotionen, die sich in deinem Körper eingenistet haben. Erkunde alle Regionen in deinem Körper. Du wirst erkennen, dass dein Körper kein Stück isolierte Materie ist. Du wirst sehen, dass dein Körper ein Spiegel deiner Seele und Verfassung ist.

Seelische Schmerzen und Traumata hast du in der Vergangenheit oft nicht bewusst verarbeitet. Dadurch haben sich die nicht befreiten Energien als Spannungen und psychosomatische Schmerzen in deinem Körper manifestiert. Wenn du dir beispielsweise Stress bei der Arbeit nicht eingestehst, dann wird sich das im Körper niederschlagen. Wenn du die Zeichen deiner Seele einfach ignorierst und zugunsten der Funktionsfähigkeit weitermachst, dann wirst du irgendwann Nacken und Rückenschmerzen kriegen.

Wenn du deine Schmerzen nicht fühlen willst, dann spaltest du dich vom Schmerz ab. Du willst in dem Moment so wenig Schmerzen wie möglich fühlen, du weichst ihnen aus. Die Energien sind allerdings noch in deinem Körper gefangen. Verdrängung macht deshalb keinen Sinn.

Erkenne und empfinde ganz tief, dass bei vielen deiner Symptome seelischer Schmerz dahintersteckt. Erkenne, dass typische Symptome wie Bauchweh, Kopfweh oder der Druck in deiner Taille auf deine nicht aufgelösten emotionalen Prozesse hindeuten. Wenn du deinen wahren Schmerz wieder fühlst, dann wird er sich auch wieder auflösen. Danach kannst du dich wieder frei und mit Leichtigkeit entfalten.

Untersuche deinen Körper! Atme achtsam in deine schmerzhaften Körperstellen und lasse keine Region deines Körpers aus! Vielleicht wird Angst und Wut in dir hochkommen. Das ist ein sehr gutes Zeichen, da du deine Blockaden anrührst. Lasse alles hochkommen, beobachte die dahinter stehenden emotionalen Prozesse.

Es ist nicht leicht, den seelischen Schmerz direkt zu spüren. Wenn du innerlich verletzt wirst, dann weichst du diesem Empfinden aus. Du erstickst die Energien der Verletzung dabei sofort im Keim, weil du sie nicht spüren willst. Die Energie hat keinerlei Chancen entlassen zu werden. Wer möchte schon den tatsächlichen Schmerz fühlen? Du hast sehr große Angst vor deinen Emotionen und spaltest sie deshalb ab. Versuche trotzdem den ganzen Schmerz zu empfinden, da die Folgen emotionaler Verdrängung heimtückisch sind. Die Verdrängung führt zu einer schleichenden, aber unangenehmen Manifestation der Energien im Körper. Es wird sich als schwerfälliger Druck bemerkbar machen, du wirst Bauchschmerzen kriegen. Dein Brustbereich und dein Herz werden sich wie zugeschnürt anfühlen.

Weiche dem seelischen Schmerz nicht aus. Spüre ihn in seiner ganzen Tiefe, statt ihn zu unterdrücken. Lasse die Energie frei, bevor sie sich versteckte Nischen in deinem Körper sucht! Wenn du emotional bist, bleibe mit deinem Körper in Kontakt. Unterdrücke deine Spannungen und Verkrampfungen nicht. Schau einfach, was geschieht. Du wirst deutlich sehen, dass du selbst derjenige bist, der krampft. Du wirst erkennen, dass du deinem Körper selbst wehtust. Im Moment der Wiedervereinigung mit deinem Körper wirst du spontan und direkt damit aufhören, dir weiter wehzutun.

Stelle dir eine gute Massage vor. Stelle dir vor, wie energiegeladene Hände deinen Körper massieren. Plötzlich fühlst du vorher nie wahrgenommene Schmerzen und entspannst dich! Genauso wie dein Körper zu Schmerzen fähig ist, so kann er sich auch entspannen. Du kannst dich selbst durch deinen Körper entspannen. Um diese Entspannung zu erreichen, musst du in Kontakt zu deinem Körper kommen. Egal, was du gerade tust. Ein gesundes Körpergefühl muss sich durch dein ganzes Leben ziehen. Versuche deinen Körper immer achtsam wahrzunehmen! Vergesse dabei deine Tiefenatmung nicht! Beobachte einfach, wie du atmest. Hechelst du oder füllst du mit einer tiefen Atmung deinen ganzen Körper mit Leben?

Wenn du tief in deine Bauch und Beckenregion atmest, wirst du deine Lebensenergie wiederherstellen. Du wirst vielleicht eine Blockade in deinem Brustkorb haben. Ist dies der Fall, dann wird dein Atem im Brustbereich stecken bleiben und kann deinen ganzen Körper nicht erreichen. Übe in diesem Fall die richtige Atmung. Das Atmen ist das Bindeglied zwischen Körper und Geist. Sie haucht dir Leben ein, der Atem verbindet deinen Geist mit deinem Körper. Die Atmung deckt versteckte Schmerzen auf. Wenn du in den Schmerz hinein atmest, dann empfindest du ihn vollständig. Du löst ihn durch das vollständige Empfinden schließlich auf.

Meditation und der Zeuge

Meditation ist der kleinste gemeinsame Nenner aller spirituellen Traditionen. Meditation ist Erkennen, Einkehr und gleichzeitig die Ausbildung von Raum. Wenn du deinen Geist zur Stille bringst, dann hast du Zugriff auf eine besonders reale Form der Wahrnehmung. Wenn du zur inneren Ruhe gelangst, dann wird sich in dir ein ausgedehnter Raum bilden, in dem du alle Prozesse unmittelbar wahrnehmen kannst. In dieser Ausdehnung wird dir die ganze Existenz selig und vollkommen erscheinen. Du wirst im Augenblick verwurzelt sein, du wirst der unbewegte Beweger deines Lebens. Du kannst zusehen, wie der Lauf der Dinge in der ganzen Vollkommenheit vonstattengeht. Aber du wirst keinen Drang mehr haben in diesen Lauf einzugreifen oder ihn zu verändern, denn das Leben wird dich in seinem präsenten Sosein bereits komplett erfüllen.

Nur durch die ungebundene Beobachtung deiner eigenen Person wirst du bereits völlig von tiefer Freude beseelt sein. Meditation ist die Grundform deines Lebens. Meditation sollte ein blankes Stück Papier sein, auf dem du dein Leben skizzierst. Es sollte das elementare Prinzip deiner Wahrnehmung darstellen, welches du mit all deinen Empfindungen und Erkenntnissen füllst. Alles, was du in deinem Leben tust, alles was passiert, kann von dir mit einem meditativen Geist betrachtet werden. Ein meditativer Geist ist ein wacher Geist. Ein wacher Geist ist stets ein kompletter Geist, dem keine Empfindung abhanden geht.

Es ist ein Irrtum anzunehmen, Meditation wäre einzig die geistige Konzentration auf ein Objekt, auf den Atem oder ein Wort. Meditation ist auch nicht nur das stille Verharren im Lotussitz oder eine Praxis, die du ein paar Stunden am Tag praktizierst und dann damit aufhörst. Es ist auch nichts Religiöses, was nur Bergasketen und Mönchen vorbehalten ist. Vielmehr ist Meditation etwas, was den ganzen Tag über vorhanden sein sollte.

Warum ist das so? Meditation ist ein überaus natürlicher Bewusstseinszustand der Selbstbeobachtung und der Achtsamkeit. Achtsamkeit ist nicht bloße Konzentration auf einen Gegenstand oder ein Mantra, sondern das Bewusstwerden aller geistigen und körperlichen Prozesse in dem Moment, in dem sie tatsächlich entstehen. Durch dieses Bewusstwerden wirst du aufhören, dich mit diesen Prozessen zu identifizieren. Du wirst sie beobachten und loslassen können. Dabei wirst du eine grenzenlose Freiheit genießen, da du erkennst, dass alles in deinem Leben ein fortwährender Prozess des Kommens und Gehens ist. Es wird nicht mehr nötig sein, krampfhaft an deinen inneren Regungen festzuklammern.
Nehme deine körperlichen Schmerzen wahr. Nehme deine Zweifel wahr. Nehme deine Gedanken wahr. Nehme deine Bewegungen wahr. Sei dir all deiner Prozesse bewusst, aber bewerte sie nicht. Lass sie einfach nur sein.

Durch das gezielte Nicht-Bewerten deiner inneren Prozesse wirst du zu einem neuen Verhältnis zu dir selbst gelangen. Du wirst nicht mehr versuchen, voller Sturheit und Zwang an etwas festzuhalten. Es wird dir folglich gelingen, dein Leben einfach nur in völliger Gelassenheit zu bezeugen und sich nicht mehr in der subjektiven Perspektive damit zu identifizieren. Das meditative Bewusstsein lässt alles weiterfließen und verhindert die Erzeugung von Blockaden.

Meditation solltest du den ganzen Tag über erhalten. Dafür musst du jeden Tag üben. Meditation ist dabei das Gegenteil von Unterdrückung. Meditieren ist bezeugen. Durch Meditation erschaffst du ein all-sehendes-Auge, welches über dein Innenleben wacht. Du wirst dich selbst in der Welt beobachten können und alles in deinem Leben akzeptieren. Du wirst dich der Welt hingeben können und dies wird eine grenzenlose Freiheit für dich darstellen.

Meditation ist in Wirklichkeit kein sonderbar veränderter Geisteszustand, sondern eine natürliche Haltung der Achtsamkeit und Selbstbeobachtung. Es ist die Haltung, alles im Leben fließen zu lassen, ohne es in irgendeiner Weise negativ oder positiv zu bewerten.

Das Verständnis von Meditation im Westen beschreibt diese als etwas vom Alltag Getrenntes. Meditation wird als eine Praktik verstanden, die nur separat von unserem Alltagsbewusstsein existiert. „Entweder du meditierst oder du führst dein gewohntes Leben aus" sind keine seltenen Aussagen. Gerade das gewohnte Leben sollte jedoch von meditativem Charakter sein. Meditation ist und sollte nicht von unserer Alltagswahrnehmung getrennt sein. Sie sollte vielmehr so selbstverständlich in deiner Existenz verankert sein, wie die tägliche Nahrungsaufnahme.

Auch wenn wir über Achtsamkeit reden, dann bedeutet Achtsamkeit keineswegs die bloße Fokussierung auf einen Gegenstand, ein Wort oder ein heiliges Objekt. Die Achtsamkeit ist die Bewusstwerdung aller geistigen und körperlichen Prozesse im Augenblick des Entstehens. Natürlich schult Konzentration auf den Atem oder auf ein Wort deine Achtsamkeit, doch echte Meditation geht weit darüber hinaus und erfasst all unsere Lebensbereiche bis in den Schlaf hinein. Wenn du achtsam durchs Leben schreitest, wirst du auch achtsam schlafen können. Dennoch solltest du zu Beginn versuchen, deine Achtsamkeit zu üben, in dem du mit gezielten Übungen deinen Atem beobachtest. Das geht ganz leicht und bedarf keiner besonderen Vorbereitung.

Beobachte dich selbst. Stelle dir bewusst vor, dass du der unbewegte Beobachter deines Lebens bist. Führe deine Wahrnehmung heraus aus einer gefangenen und einseitigen Ich-Perspektive. Statt nur aus dir heraus zu beobachten, beobachte dich selbst und das Leben. Sei achtsam und werde dir bewusst, falls du wieder in deine subjektive Wahrnehmung fliehst. Wenn du es in dein Alltagsbewusstsein integriert hast, dann wirst du nichts anderes mehr wollen, als diese augenblicklichen Momente der Selbstbezeugung aufrecht zu erhalten.

Vielleicht hast du bereits ein wenig von den verschiedenen Techniken der Meditation erfahren. Du weißt vermutlich, dass jede spirituelle Tradition auf eine gewisse Weise ihre Meditation praktiziert. Letztendlich führt aber jegliche Meditation zum selben Bewusstsein. Du kannst dir ruhig etwas aussuchen, was zu dir passt. Fange einfach an Meditation zu üben und die Praxis wird eine neue Qualität der Freiheit in dir entfalten.

Setze dich zu Beginn einfach hin und verfolge deinen Atem. Wenn du anfängst zu grübeln und zu zweifeln, kehre wieder zurück zu deinem Atem. Lege alle Widerstände beiseite, akzeptiere die hochkommende Angst. Wenn du Angst bekommst, dann willst du deine Trennung von der Welt nicht beiseitelegen. Wenn du Angst bekommst, dann fällt es dir schwer, dich hinzugeben. Es ist in Ordnung. Beobachte und bezeuge deine Angst und sehe, dass sie dir nichts anhaben kann. Erkenne, dass sie dich in deiner unendlichen Freiheit nicht aufhält. Deine Ängste sind zumeist nur Gedanken, an denen du deine Sicherheit festmachst. Du wirst dich zunächst dagegen wehren, die Kontrolle über deinen automatisierten Geist aufzugeben. Tatsächlich wirst du ohne Gedanken zum ersten mal mit deinem wahren Kern in Kontakt gebracht.

Du musst sehen, dass Meditation nichts Verbissenes ist. Finde deshalb ruhig einen balancierten Ausgleich zwischen Entspannung und Konzentration. Du wirst nach einiger Zeit des Übens merken, welches Gleichgewicht dir am besten tut. Verwechsle Meditation nicht mit zu starker Konzentration. Glaube auch nicht, dass es eine gute oder eine schlechte Meditation gibt. Wenn du zu viel denkst, dann bedeutet dies nicht, dass die Meditation schlecht war. Meditation ist einfach. Sie ist nicht bewertbar. Du wirst irgendwann automatisch anfangen, dein Leben zu bezeugen. Du wirst automatisch einsehen, dass es keinen Grund gibt, sich mit seinen Gedanken existenziell zu identifizieren. Du wirst auch merken, dass die Meditation dein kleines Ich ausdehnt und dir dadurch eine gehörige Prise mehr Freiheit verschafft. Konzentriere dich nicht zu stark, sonst bekommst du Kopfschmerzen und wirst dich ausgelaugt und nicht am Boden der Tatsachen fühlen. Du musst dich auf deine Meditation nicht exklusiv vorbereiten, du brauchst keine Buddhafiguren oder exklusiv bedruckte Meditationskissen. Du kannst dich auch einfach nur hinlegen oder auf den Boden setzen. Genauso gut kannst du aber auch dein Geschirr spülen oder ein Essen zubereiten und dabei einfach mit deiner ganzen Bewusstheit anwesend sein. Der Effekt wird stets der gleiche sein.

Ganz egal welche Art der Achtsamkeit du nun praktizierst: Irgendwann wirst du merken, wie dein Bewusstsein sich ausdehnt. Nach einiger Zeit wirst du dich selbst beobachten können, ohne an etwas festgebunden zu sein. Es wird eine kristallklare Form der Wahrnehmung sein, in der sich alles frisch und unschuldig anfühlt. Du tauchst dann sanft in einen Zeugenzustand ein, in dem du zum Zeugen deines vollkommenen Lebens wirst. Der Strom des Lebens, den unweigerlichen Wandel und die Vergänglichkeit wirst du als etwas Selbstverständliches ansehen.

Hege keine zu starken Ziele oder Erwartungen während du beginnst den Weg der Meditation zu gehen. Das alles brauchst du nicht. Die Meditation ist der Zweck an sich. Aus diesem Grunde brauchst du dir keine Hoffnung zu machen, ausgeglichener oder fröhlicher zu werden. Dies alles kommt einfach. Meditation als solches ist deshalb Sinn und Zweck genug. Zu starke Erwartungen entfernen dich vom meditativen Leben. Zu starke Erwartungen binden dich fest, sie entfernen dich vom Moment. Du bist dann unfrei, weil du dich dauernd mit deiner Hoffnung in der Zukunft befindest. In der Meditation aber gibt es keine Zukunft und keine Vergangenheit. Die Meditation ist immer gegenwärtig. In der Gegenwart liegt auch deine Freiheit. Denke nicht an atemberaubende Konzepte wie Erleuchtung, denn dies ist für dich nicht interessant und tut der Meditationspraxis unrecht.

Mache dir nicht viel Hoffnung, dass du mit Meditation deine Neurosen auflösen kannst. Die Heilung von Neurosen ist nicht der Zweck der Meditation. Es hat damit gar nichts zu tun. Das Verweilen im Hier und Jetzt, das Bezeugen deiner Person wird dir aber eine gewisse Freiheit im Leben geben. Es wird die Freiheit sein, die du brauchst, um die Verantwortung für deine

Neurosen zu übernehmen. Es wird der Weg sein, sich von gewohnten Denk- und Handlungs-mustern zu lösen. Meditation ist der gesunde Nährboden, auf dem sich deine Früchte ausbreiten können. Es ist die Basis, um in Kontakt mit dir selbst zu kommen und all deine inneren Pro-zesse gleichmütig zu beobachten.

Die heilende Kraft der Sexualität

Sex ist der Ursprung unseres irdischen Lebens. Sex ist pure Lebenskraft. Sex ist ein wichtiger Bestandteil deines spirituellen Lebens. Vereine deine Sexualität mit deiner Liebe und du wirst sie als einen kraftvollen und bereichernden Teil deines Lebens empfinden. Sex ist nur mit der Liebe sinnerfüllt, denn Sex und Liebe sind zwei Worte des einen Sachverhalts. Die Liebe speist aus der sexuellen Lebenskraft.

Vielleicht weißt du, dass viele spirituelle Menschen Askese betrieben haben, um universellen Wahrheiten auf die Schliche zu kommen? Viele Menschen haben ihre Sexualität verdrängt, um näher bei Gott zu sein. Sie haben gedacht, dass Sexualität im Gegensatz zum Göttlichen steht. Wie kann man etwas verdrängen, was eigentlich auf dem Weg der Freiheit von großem Nutzen ist? Eine natürliche Sexualität wird dir auf dem Weg der spirituellen Entwicklung von großem Nutzen sein.

Sexuelle Verdrängung ist ein Irrtum. Benutze lieber deine sexuelle Energie, um das Leben zu spüren, um Weisheit zu kultivieren und erfüllt zu sein. Wenn du deine Sexualität verdrängst, dann verdrängst du einen Teil deiner Existenz. Sexualität ist ein Teil deiner Existenz und gehört untrennbar zu dir. Sie muss dich nicht vom Göttlichen abhalten, deine Entwicklung behindern, da sie nichts Schmutziges oder Profanes ist. Sie ist die Energie, die dich am irdischen Leben hält. Gebrauche daher deine Sexualität, um an deinen Blockaden zu rütteln. Lass deine sexuelle Energie florieren, um mutig durchs Leben zu schreiten. Sei ein sexuelles Wesen, um dich von Beschränkungen freizumachen. Sexualität ist Macht. Wenn du sexuell unterdrückt bist, dann bist du der Welt ohnmächtig ausgeliefert. Es ist keine gesunde Machtlosigkeit, das sie dich zu-nehmend in Abhängigkeiten hievt. Du verlierst deine Autonomität und deine innere Wahrheit, weil du viel zu sehr damit beschäftigt sein wirst, dich aus der Unterdrückung zu befreien.

Als Buddhas Mönche in die Askese eintraten, um Erleuchtung zu erlangen, mussten sie ihre Sexualität verdrängen. Doch erst die verdrängte Sexualität machte die Abkehr davon unmög-lich. Humorvolle Legenden besagen, dass sich die Mönche daraufhin wie sexuell besessen auf alles stürzten, was nicht Niet und Nagelfest war. Wenn du etwas unterdrückst, wird es dich viel mehr beschäftigen, als wenn du es einfach akzeptierst. Sehe deine Sexualität daher als etwas Selbstverständliches, dann wird sie dir nicht als etwas Leidvolles entgegentreten, sondern als etwas völlig Natürliches. Du solltest Verantwortung für deine Sexualität übernehmen und diese nicht einfach von dir wegschieben. Wenn du deine sexuelle Energie in dir staust, dann schlit-terst du zunehmend in Blockaden. Du musst daher stets für die Entladung deiner Energien sor-gen.

Deine Sexualität solltest du aber auch nicht missbrauchen. Dies ist weniger ein moralischer, als viel mehr als pragmatischer Ratschlag für deine Freiheit anzusehen. Wenn du sexuell aktiv bist, um deine Minderwertigkeiten zu kompensieren, dann missbrauchst du deine sexuelle Lebenskraft. Du benutzt Sex, um deine Illusionen zu füttern. Du benutzt Sex, um die Eigenverantwortung von dir zu schieben. Frage dich in diesem Falle, warum du sexuell aktiv sein möchtest? Reinige dich von dieser Fehlinterpretation und gewinne deine Natürlichkeit zurück. Befreie deine Sexualität ebenso von Machtansprüchen, da du sie ansonsten für deine egoistischen Gelüste missbrauchst.

Sex ist etwas sehr Unschuldiges und hat nichts mit einem manipulativen Pornomarkt zu tun. Wenn du in deinem Leben verletzt wurdest, dann wirst du meistens als Erstes deine sexuellen Fühler verschließen. Doch je mehr du dich von deiner sexuellen Lebenskraft entfernst, desto verbitterter wirst du in deinem Leben agieren. Du wirst an Kreativität verlieren und dich stattdessen in plagenden Selbstzweifeln suhlen.

Du siehst, dass es keinen Sinn macht, seine Sexualität zu verdrängen. Es ist vielmehr förderlich seine sexuellen Blockaden zu lösen. Das gilt auch und insbesondere für deine spirituelle Entwicklung.

Wie oben erwähnt, wird Sexualität in vielen religiösen Traditionen als etwas Dämonisches angesehen. Sex ist verpönt, weil Sex missverstanden wird. Sex ist nichts, was dich von Gott trennt. Die sexuelle Energie kann dich vielmehr näher zu Gott bringen. Sex ist ein Geschenk. Tiefe Ekstase und die daraus entstehende Energie kann die Trennung zwischen dir und der Welt aufheben.

Sex ist elementare Lebenskraft. Aus diesem Grund ist Sex auch sehr nützlich. Eine bewusste Nutzung deiner sexuellen Energien kann dir dabei helfen, dich von körperlichen und psychischen Blockaden zu lösen. Du kannst innerlich fühlen, dass Sex mit dem Schimmer des Göttlichen bestückt ist. Es ist ein untrennbarer Teil deines Daseins. Wenn du deine Sexualität integriert hast, wirst du dich weiterentwickeln können. Eine krankhafte Sexualität wird dich dagegen immer wie Blei am Boden halten und dich unglücklich machen. Wenn du deine Sexualität befreist, dann wirst du auch auf dem besten Wege sein, jegliche Fesseln der Unfreiheit zu sprengen.

Atme in deinen Unterleib, lasse die sexuelle Energie in deinen Körper fließen. Erwärme dich an der Energie und tanke neuen Lebensmut! Beginne in deiner Sexualität zu ruhen. Erlebe die befreiende Kraft einer florierenden sexuellen Energie. Spüre die tiefe Erregung und du wirst dich in deiner irdischen Präsenz wohlfühlen. Du wirst nicht mehr mit deiner Person zu kämpfen haben und kannst dich daher ohne Ablenkungen der Entwicklung deiner Persönlichkeit widmen.

Besinne dich einen Moment lang und frage dich folgendes: Empfindest du mehr Lebensfreude und Glück, wenn du eine tiefe, innerliche Erregung in dir fühlst oder wenn du von dieser Energie abgeschnitten bist? Du wirst erkennen, dass deine florierende sexuelle Energie gleichbedeutend mit einer unbändigen Lebensfreude ist. Sex ist pure Energie, die dein Bewusstsein transformieren kann. Sex kann dir helfen, dich weiterzuentwickeln und dich deiner Blockaden zu entledigen.

Befreie deine Sexualität von Schuld und Scham. Scham ist die Verneinung deiner Existenz. Bejahe alles. Schuld bindet dich an einen unheilvollen Kreislauf, aus dem es kein entrinnen gibt. Sie macht dich abhängig und unfrei. Akzeptiere deine Person als sexuelles Wesen und sehe, dass dich niemand in deiner Sexualität gefangen hält. Wenn du deine Sexualität integriert hast, dann wird es dir leichter fallen, Verantwortung für deine Person und dein ganzes Leben zu übernehmen.

Erdung als Basis der Stabilität

Erdung sollte in unserem Leben so selbstverständlich sein, dass wir sie gar nicht mehr erwähnen müssten. Was ist mit diesem physikalischen Begriff nun gemeint?
Erdung ist deine gesunde Verwurzelung mit der physischen Welt. Wenn du geerdet bist, dann empfängst du Kraft aus der Erde und fühlst dich als Mensch sicher und wohlbehütet. Du bist in einem natürlichen Energieaustausch mit der Umwelt, der deine ganze Existenz bestimmt und kräftigt. Geerdet wirst du dich niemals in ständigen Selbstzweifeln und Grübeleien verzetteln. Erdung stellt das Urvertrauen her. Geerdet wirst du niemals an übertriebenem Misstrauen leiden und erkennen, dass der Lauf der Dinge nicht gegen dich agiert, sondern für dich. Geerdet wirst du dich immer sicher fühlen und einsehen, dass dich nichts in deiner universellen Grundexistenz bedrohen kann.

Geerdete Menschen haben wenig Angst vor dem Tod, sie gleiten durch das Leben und können sich ohne große Widerstände weiterentwickeln. Mit einer tiefen Verwurzelung wirst du auch leichter deine Person, deine Schwächen und deine Emotionen akzeptieren können. Es wird dir ein Selbstverständnis geben, du wirst durch die Welt fließen, ohne an deiner Person oder den Lebensumständen zu hadern. Du wirst dich nicht gebremst in deiner Energie fühlen, sondern stets das Gefühl haben, autonom und stark zu sein. In dieser Stärke wirst du deine Fesseln sprengen und dich in Freiheit entfalten können.

Wie erde ich mich richtig? Atme tief in dein Becken hinein. Belebe mit deiner Atmung den Bereich rund um dein Steißbein und deinen Anus. Diese Regionen des Körpers sind zuständig für einen optimalen Energieaustausch mit der Erde. Es sind die Regionen, die dich energetisch mit der physischen Welt verwurzeln und aus denen du deine Energie schöpfst. Achte dabei auf deinen Atem. Der Atem ist dabei die pure Energie, die dich heilt und vitalisiert. Versuche tief in deinen ganzen Körper zu atmen und deinen Energiestau zu lösen. Stelle dir vor, wie die Atmung deinen Körper und dein Becken belebt.

Nach den Übungen wirst du vielleicht eine Schwere in deinem Steißbein fühlen. Es wird sich für dich wie eine Art harte Substanz anfühlen, ein Stein, der eigentlich zu Sand werden sollte. Diese Härte wird sich nach einiger Zeit der Übung auflösen. Dein Becken wird weich und du merkst, wie die Energie ohne Umwege deinen Körper beseelt. Du wirst spüren, dass der Energieaustausch zwischen dir und der Erde ohne Umwege funktioniert. Dein Körper wird frische Wurzeln in die Erde schlagen, überschüssige Energie abgeben und neue erhalten.

Wir leben gegenwärtig in einer Kopfgesellschaft und zentrieren daher unsere ganze Aufmerksamkeit auf Verstandesangelegenheiten. So wie wir fast alle Probleme mit dem Geist lösen, so befinden wir uns die meiste Zeit des Lebens in unserem Kopf. Du bist dabei kaum verankert in dir selbst und stehst mit beiden Beinen nicht fest auf der Erde. In der Schule und in der Arbeit lernst du nie dein komplettes sinnliches Empfinden zu benutzen. Die ganze Welt spielt sich hauptsächlich in einem kleinen Bereich deines Körpers ab - dem Kopf. Verleugne deine ganzheitliche und sinnliche Existenz nicht. Verbinde dich ohne Umwege mit deinem Körper und nehme wahr, dass du nicht nur als wandelnder Kopf auf der Erde bist. Verteile deine Aufmerksamkeit in deinen ganzen Körper. Versuche aus dem Becken heraus zu leben, zu atmen und zu funktionieren. Verteile deine Energie und erlöse den Energiestau in deinem Kopf. Entlasse die ganze Energie nach unten. Du wirst wahrnehmen, dass du plötzlich mit deinem ganzen Körper lebst. Dein Leben wird zunehmend eine neue Qualität entfalten. Wenn du zu stark im Kopf festhängst, dann äußert sich das in Zuständen der Verwirrung, Trance und Lebensunlust. Du wirst geplagt von Ängsten und Unsicherheit, ohne jemals ein Selbstverständnis im Augenblick zu besitzen. Aus diesem Grunde wirst du deine Gefühle und Emotionen nicht mehr spüren können, sondern versuchen, alles kompensatorisch mit deinem Verstand zu erklären. Kehre wieder mit deiner ganzen Aufmerksamkeit zu einer ganzheitlichen Existenz zurück und du wirst dem Leben in seinen Grundfesten vertrauen können.

Ein geerdeter Zustand ist ein Zustand höchster Spiritualität. Er ist reich an Freiheit, da du als verwurzelter Mensch ein hohes Vertrauen zu dir selbst, deinen Mitmenschen und der gesamten Erde besitzt. Du lässt dich vom Leben tragen, ohne Widerstände zu leisten. Du kannst dich fallen lassen und alles Irdische wird dir als Geschenk vorkommen. Vergiss nicht, dass die Erdung ein stetiger Prozess in deinem Leben sein sollte. Nehme im Alltag öfter Kontakt zu deinem Becken auf. Lebe immer aus einem frei fließenden Becken heraus und du wirst das Gefühl haben, voller Vitalität und Frische dein Leben zu meistern.

Du wirst im geerdeten Dasein automatisch mehr Eigenverantwortung übernehmen, weil du nicht mehr die Außenwelt verantwortlich machen wirst. Du wirst dich nicht mehr bedroht fühlen und bekommst dadurch Raum, dich selbst in völliger Freiheit wahrzunehmen. Es ist die Freiheit, ohne Ängste und Hindernisse am Leben beteiligt zu sein. Es ist die Freiheit, nicht an deiner Existenz zu zweifeln, sondern den Fluss des Lebens einfach zu akzeptieren. Es ist eine unerschütterliche und eine endlose Stabilität, die dich von deiner Basis heraus erfüllen wird.

Wenn deine energetische Verbindung zur Erde gestört ist, dann wirst du dich vom Leben gehetzt fühlen. Die innere Entspannung wird dir sichtlich schwerfallen. Du wirst die mangelnde innere Sicherheit mit der ständigen Suche nach Sicherheit im Äußeren kompensieren. Ohne eine stabile Verwurzelung wirst du dich an Menschen und Orte klammern und dabei die Sicherheit von deinen Lebensumständen abhängig machen. In diesem Falle kannst du nicht frei sein, da du immer an eine innere Rastlosigkeit gebunden sein wirst. Wenn du dagegen geerdet bist, dann hast du alles, was du zur Sicherheit brauchst bereits in dir selbst. Du empfängst die Energie der Erde, weil du ein Teil von jener bist. Du wirst dich geliebt fühlen, so wie du selbst fähig sein wirst zu lieben. Dein Leben wird nicht mehr durch Angst geprägt sein. Du wirst Raum besitzen, dich der Welt mit einer großen Prise Urvertrauen hinzugeben.

Die Erfüllung deiner existenziellen Bedürfnisse hängt ebenfalls von deiner Fähigkeit zur Erdung ab. Wenn du geerdet bist, dann sind deine intuitiven und instinktiven Fähigkeiten in Balance. Du wirst nicht mehr das Gefühl haben, verloren auf der Welt zu sein. Dein Leben und deine Zukunft werden dir keine Ängste mehr bereiten. Du wirst fühlen, dass du der Erde vertrauen und in deinen universellen Grundfesten niemals erschüttert werden kannst.

Integration des Schattens

Eigenschaften und Emotionen sind die dominierenden Vertreter deines Schattenreichs. Es handelt sich dabei um Eigenschaften und Emotionen, die du aus deiner Persönlichkeit gedrängt hast. Weißt du, warum du sie in das dunkle Schattenreich abgeschoben hast? Du hast sie als Bedrohung empfunden, sie schienen dir unnütz. Oder du hast geglaubt, sie wären verkehrt und deshalb von den moralischen Vorstellungen der Gesellschaft nicht akzeptiert.

Vielleicht waren sie nicht mit den Vorstellungen deiner Eltern vereinbar? Auf jeden Fall hast du gedacht, ohne diese Eigenschaften besser auszukommen. Sie erschienen dir wie ein schwerer Klotz am Bein, ein Laster in deinem Leben und deiner Entwicklung. Aus diesem Grund hast du deine Emotionen und die daraus resultierenden Energien verdrängt. Du hast sie versteckt und dabei gehofft, dass du nie wieder mit ihnen in Kontakt gerätst.

Du musst diese Merkmale und Emotionen in dir aber nicht verstecken. Diese Anteile von dir sind nicht böse oder verurteilenswert, denn sie sind ein natürlicher Teil von dir. Sie sind absolut menschlich, sie balancieren deine Persönlichkeit. Das Gute kann ohne das vermeintlich Schlechte nicht existieren. Wenn du deine Schatten nicht wahrnimmst, dann bist du nur ein halber Mensch. Wenn du nur ein halber Mensch bist, dann kannst du nicht vollständig in deiner Freiheit aufgehen. Warum legst du dir also diese Ketten an?

Was sind Schatten nun genau, wie äußern sie sich in deinem Leben? Vielleicht handelt es sich bei deinem Schatten um deine Wut. Irgendwann in deinem Leben hast du große Wut in dir gespürt, aber du hast geglaubt, es sei schlecht diese Wut in dir zu haben. Möglicherweise war es auch die Wut gegen deine Eltern, deine Mitschüler oder Verwandte. Du warst auch der Ansicht, dass wütende Menschen nicht liebenswert sind. Schließlich wird wütenden Menschen meistens die Liebe verwehrt. Also hast du daraus geschlossen, dass es nicht gut ist, deine Wut zu fühlen und dich schließlich entschlossen, diese Emotionen in dein Schattenreich zu katapultieren. Du wolltest mit dieser vermeintlichen Falschheit von dir nichts mehr zu tun haben.

Vielleicht ist dein Schatten auch dein Hass. Irgendwann in deinem Leben hast du dich dabei erwischt, wie der Hass in dir gebrodelt hat. Du hast vielleicht Personen den Tod gewünscht, weil sie dich verletzt oder gekränkt haben. Deine Moral jedoch deutete dir an, dass du kein guter Mensch bist, wenn du so viel Hass in dir hast. Du wolltest nicht von den Menschen abgewiesen werden, also hast du deinen Hass verdrängt. Er war noch nicht vollständig empfunden, nicht vollkommen integriert, schon hast du ihn in die Tiefen deines Unbewussten eingemauert.

Du siehst also, dass deine Schatten negativ beurteilte Emotionen sind. Diese Schatten sind von dir nicht zu trennen, sie leben in dir, sie bestimmten dein Handeln und dein Fühlen. In der Hoffnung nie mehr mit diesen unerwünschten Emotionen und Eigenschaften in Berührung zu kommen, hast du sie von dir abgespalten. Dies ist aber kein Fehlverhalten von dir. Du konntest die Dinge schließlich früher noch nicht differenziert betrachten, also war es deine einzige Möglichkeit. Du hast geglaubt, dass die Emotionen von Hass und Wut sehr negativ sind. Du hast es in der Gesellschaft so wahrgenommen, also hast auch du sie als negativ und verachtenswert betrachtet und wolltest sie aus deiner Person schmeißen. Vielleicht ist dein Schatten auch deine Liebe. Irgendwann in deinem Leben hast du ein enormes Liebesgefühl in dir gefühlt. Dieses Liebesgefühl hat sich vielleicht auf eine dir nahestehende Person bezogen. Möglicherweise wurdest du in deiner Liebe abgewiesen. Die Person, die von deiner Liebe beglückt werden sollte, konnte sie nicht empfangen. Du hast dich abgewiesen gefühlt, du dachtest, es würde an deiner Person liegen. Also hast du die Kraft deiner Liebe von dir abgespalten. Deine Liebe schien dir nicht mehr wertvoll zu sein, weil du das Gefühl hattest, durch sie gescheitert zu sein. Du hast gedacht, du wärst kein wertvoller Mensch.

Vielleicht ist dein Schatten deine anmutige Schönheit. Irgendwann hast du dich selig und schön gefunden. Du warst in deinem kindlichen Ausdruck auch ein Ausdruck einer himmlischen Schönheit und Energie. Möglicherweise hat dir jemand gesagt oder deutliche gemacht, du wärst dies alles nicht. Du hast dich dann zurückgezogen und das Empfinden sich schön zu fühlen einfach verdrängt. Schließlich dachtest du ja, dass du mit der Schönheit falsch liegst. Du dachtest, dass du es nicht wert bist, dich selbst als etwas Schönes zu betrachten.

Du siehst, dass deine Schatten auch positive Emotionen und Eigenschaften sind. Zwar bist du dir ihrer nicht bewusst, aber sie leben in dir weiter. Sie haben sich in einer verzerrten Form in deiner Person eingenistet, da du sie aus deinem bewussten Ausdruck vertrieben hast.

Du hast aber keine Schuld an deinem Schatten. Es gibt in dieser Hinsicht keine Schuld, du konntest in dem Moment nicht anders handeln. Um ein ganzer Mensch zu werden, solltest du dich jedoch wieder mit deinen Schattenanteilen konfrontieren.

Begebe dich wieder in Kontakt mit deiner ganzen Energie. Spüre die Emotionen und die Eigenschaften, die in dir stecken. Lass deinen Hass, deine Liebe, deine Schönheit wieder nach oben kommen. Befreie sie aus dem eingemauerten Gefängnis des Unterbewussten. Deine Schatten sind nicht bedrohlich, sie sind nicht verwerflich und machen dich nicht zu einem schlechteren Menschen. Lass dein ganzes Potenzial wieder auf die Oberfläche kommen.

Schatten sind nur bedrohlich, wenn sie in der Dunkelheit verborgen bleiben. Der Hass im Schattenreich, den du vergessen hast, wird erst in der Dunkelheit deines Unterbewusstseins gedeihen können. Der Hass wird sich in dir manifestieren und dich deprimiert machen. Du wirst an Verbitterung oder Depressionen leiden. Das Leben wirst du dann wahrscheinlich als nicht lebenswert empfinden.

Lasse deinen Schatten ans Licht gelangen, akzeptiere die Potenziale, die in dir stecken. Akzeptiere dich als ganzen Menschen. Wenn deine Wut, dein Hass ans Licht kommen, dann werden sie sich behutsam auflösen. An der Oberfläche sind deine Schatten im Licht. Sie sind dann nicht mehr bedrohlich. Du musst bedenken, dass nur abgeschobene Schatten in dir als Bedrohung wüten werden, da deine bewussten Emotionen in Wirklichkeit keineswegs so hässlich sind, wie du vielleicht glauben magst.

Wo zeigen sich im Alltag meine verdrängten Schattenanteile? Wo kann ich ihnen am besten begegnen? Damit sich die abgeschobenen Energien entladen können, projizierst du sie in die

Außenwelt. Was bedeutet das? Schaue, wie du dich deinen Mitmenschen gegenüber verhältst und du wirst deinem Schatten direkt vor die Augen treten. Erkenne, welche emotionalen Regungen die Menschen in deiner Umwelt bei dir auslösen und du bekommst Zugang zu deinen eigenen Schattenseiten.

Du bist in einer Gruppe und dir fällt besonders eine bestimmte Person auf. Diese Person ist laut, quirlig und hascht bei den Mitmenschen stets um Anerkennung. Du verspürst Wut auf diese Person und seine Eigenart. Das Verhalten dieser Person ärgert dich und du schaffst es einfach nicht, das ganze Szenario neutral und beobachtend zu sehen. Vielmehr reagierst du darauf emotional. Mit aller Wahrscheinlichkeit ist es deine eigene Art, die du nun im Spiegel der anderen Person bekämpfst. Der Drang nach Anerkennung ist unter Umständen dein eigenes Merkmal, welches du aus Schamgefühlen bei dir verneint und damit verdrängt hast.

Erkenne deinen Schatten in Konfrontation mit deinen Mitmenschen. Sie sind dein Spiegelbild und geben dir Einblick in dein Unterbewusstsein. Woher weiß ich, ob es meine Eigenschaft ist oder tatsächlich nur die der anderen Person? Wenn dich die Art einer Person emotional berührt und du sie als störend empfindest, dann handelt es sich dabei vermutlich um deinen eigenen, verdrängten Schatten.

Wenn du dagegen die Eigenschaften der anderen Person neutral betrachten kannst, ohne wütend, zornig oder gehässig zu werden, dann wird es sich wohl nicht um deinen Schatten handeln. Du wirst dem ganzen dann auch keine besondere Aufmerksamkeit schenken oder dich auf besondere Art erzürnen. Schaue genau hin, wenn du dich sehr stark über eine Person ärgerst. Erkenne, ob nicht dahinter dein eigener Schatten steckt. Fühle in dich hinein, ob die Art der anderen Person nicht nur deine eigene verkappte Art ist. Untersuche, ob es sich bei deiner Abwehrhaltung gegenüber dem anderen Menschen nicht um reines Schattenboxen handelt.

Du bist voller Bewunderung gegenüber den Leistungen eines anderen Menschen? Du schmachtest auf übertriebene Weise seiner Güte und Liebe nach? Spüre, ob es sich nicht vielleicht ebenfalls um deine eigenen Seelenanteile handelt. Schaue, ob es nicht vielleicht deine eigene verdrängte Liebe und Güte ist, die du auf den anderen Menschen projizierst. Auch übertriebene Bewunderung kann auf einen Schatten hindeuten.

Du musst deinen Schatten wieder umarmen und integrieren. Akzeptiere daher alle Eigenschaften und Emotionen, die in dir stecken. Sie gehören zu dir und haben eine natürliche Funktion. Nur verdrängte Aspekte deiner Person können zu einer Bedrohung ausufern und dich in deinem Leben hemmen. Sie können dir den klaren Blick versperren, sie können dich rasend vor Wut machen. Eingestandene Schatten kannst du dagegen spielerisch auflösen. Die vermeintlich negativen Energien werden noch im Prozess des Erkennens spürbar schwächer. Sie stellen dann keine Bedrohung für dich und die Außenwelt mehr da.

Willst du wissen, ob du noch ungelöste Schatten hast? Dann beobachte, wie du über andere Menschen redest. Dein Umgang mit anderen Menschen ist der Schlüssel zum Erkennen deiner Schatten. Deine Mitmenschen sind Spiegelbilder. Hast du etwas an deinem Arbeitskollegen auszusetzen? Ärgern dich seine Eigenschaften? Bist du ständig am lästern? Schaue hinein und erkenne, ob es sich nicht vielleicht um deine eigenen verdrängten Eigenschaften handelt, die du nun bei einer anderen Person bekämpfst.

Du vergötterst eine Person, du siehst sie als die Erfüllung deiner Träume. Du glaubst, dass sie etwas absolut Besonderes ist und du ohne ihre Weisheit und Liebe nicht leben kannst. Schaue in dein Inneres und untersuche, ob es sich nicht vielleicht um deine eigene verdrängte Liebe und Weisheit handelt, die du nun in einer anderen Person siehst.

Wenn du deine Schatten integriert hast und als deine eigenen Potenziale erkennst, dann wirst du als Mensch wieder komplett. Die ehemals zerrissenen Seiten in dir werden sich zugunsten einer harmonischen Einheit wandeln. Emotionen und Verstand kommen sich wieder näher, ohne in völligem Widerstreit miteinander zu stehen. Du wirst frei von der Beeinflussung deines Unterbewussten und kannst dem Leben in völliger Freiheit entgegentreten. Schattenintegration ist ein entscheidender Schritt in deiner Entwicklung und eine Voraussetzung für deine seelische Gesundheit. Sie sollte daher mit großer Aufmerksamkeit verfolgt werden.

Der Umgang mit deinen Emotionen

Was wird in diesem Buch unter Emotionen verstanden? Emotionen sind komplexe Gefüge aus deinem Körperempfinden und deinem Denken. Sie sind oft undurchsichtig und du kannst sie kaum in einzelne Teile spalten. Für deine Emotionen musst du Verantwortung übernehmen. Du musst sehen, dass niemand deine Emotionen verursacht, außer du selbst. Niemand macht dich wütend, du machst dich selbst wütend. Niemand macht dich verzweifelt, du machst dich selbst verzweifelt.

Doch bevor du das einsehen kannst, musst du wissen, was Emotionen überhaupt sind. Du weißt, dass Emotionen kommen und gehen. Sie machen sich in dir bemerkbar als Wut oder Trauer. Sie binden, quälen oder entzücken dich. Oft fallen Emotionen sehr unkontrolliert über dich her oder du hast das Gefühl förmlich von ihnen überfallen zu werden.

In Wahrheit erzeugst du deine Emotionen aber selbst. Du kreierst die emotionalen Energien und lässt dich anschließend von ihrer geballten Kraft mitreißen. Trotzdem ist es förderlich, seine Emotionen zu spüren. Emotionen werden nur schädlich, wenn du nicht bewusst mit ihnen umgehen kannst. Als unterdrückte Energien werden sie nämlich dein Leben verstopfen und dich depressiv machen.

Wie gehe ich richtig mit meinen Emotionen um? Während du im Wirbel deiner Emotionen bist, wirst du dich immer getrieben fühlen, nach ihnen zu handeln. Du bist dabei so unbewusst, dass du gar nicht anders kannst. Die Emotionen haben Macht über dein Bewusstsein und treiben dich dazu, nach ihnen zu handeln. Wenn sich deine Emotionen wie die Wolken am Himmel wieder verziehen, dann schämst du dich oft über deine Taten. Wenn dein Verstand wieder Oberhand gewinnt, dann weißt du oft nicht, ob deine Emotionen richtig waren.

Auf jeden Fall wirst du immer merken, dass Emotionen überaus starke Energien freisetzten. Im emotionalen Zustand wirst du immer wesentlich extremer und heftiger handeln, als in deiner gewöhnlichen Alltagswahrnehmung. Du weißt nun, dass Emotionen undurchsichtig   und schwer zu verstehen sind. Der Antrieb deiner Wut oder deiner Eifersucht sind nicht differenziert zu erkennen, da sie ein Produkt aus Tausenden Energien und Antrieben sind. Waren es die Gedanken, die dich dazu trieben, emotional zu sein? Wolltest du dich vor etwas schützen? Wirst du vielleicht emotional, wenn du dich bedroht fühlst?

Emotionen sind komplexer Natur. Sie sind ein Schleier aus deinen Erfahrungen, deinen unterbewussten Prozessen und durchsetzt von automatischen Mustern. Du hast deshalb nur selten das Gefühl, innerhalb deiner Emotionen reagieren zu können und diese einfach neutral wahrzunehmen. Es fällt dir schwer, nicht deinen Emotionen zu folgen. Du kannst während deiner Angst und deiner Wut kaum rational darauf reagieren und es funktioniert nur selten, jene einfach nur zu beobachten. Deine eingeübte Achtsamkeit kannst du in jeder Lebenslage anwenden, nur während deiner emotionalen Prozesse scheint sie plötzlich auszusetzen, denn die empfunden Energien überragen einfach all deine Kontrollmechanismen.

Es gibt dennoch Möglichkeiten, wie du mit deinen Emotionen umgehen kannst. Es ist dir möglich, deine Emotionen in wahrhaftige Gefühle umzuwandeln. Emotionen sind pure Energien, die mit deinen Erfahrungen und deinem Kopf vermischt sind. Weil sie mit deinen Gedanken gefiltert werden, werden sie erst so explosiv. Du könntest sie auch einfach als Energien wahrnehmen. Du müsstest gar nicht nach ihnen handeln. Erst die Gedanken sagen dir, dass du handeln musst. Erst dein Wille treibt dich zu emotionalen Handlungen, nicht aber deine emotionalen Energien selbst.

Die mit dem Kopf vermischten Emotionen sind oft negative Affekte wie Eifersucht, Zorn oder Gier. Du interpretierst sie meist mit einem negativen Empfinden. Die meisten Emotionen bringen dich zum Leiden. Sie trennen dich auch von deinen wahren Gefühlen, von deiner Seligkeit und der Verbundenheit zum Leben.

Diese wahren Gefühle sind deine positiven Empfindungen, sie basieren hauptsächlich auf Liebe und Mitgefühl. Sie isolieren dich nicht in deinem eigenen Bewusstsein, sondern verbinden dich mit deinem Glück und der ganzen Welt. Gefühle verbinden. Explosive Emotionen hingegen trennen.

Wenn du in deiner Emotion bist und von deinen wütenden und eifersüchtigen Affekten dominiert wirst, dann bist du nicht mehr mit deinem Gefühl verbunden. Du kannst die Energien nicht in ihrer puren Form wahrnehmen. Du interpretierst sie mit deinen gedanklichen Erfahrungen. Die Emotion unterbindet dich vom Fluss des Lebens. Sie fesselt dich an eine starke Wallung, du bist dann keineswegs frei, sondern ein Sklave deiner Affekte. Für wahrhaftige Liebe ist dann kein Raum mehr.

Im Gefühl spürst du dagegen eine Einheit zu der Welt, du bist in Kontakt zu dir selbst, als auch zu der ganzen Welt. Du bist frei von Angstzuständen und damit auch frei von dir selbst. Wenn du frei von dir selbst bist, dann schaffst du einen Raum, in dem sich Gefühle der Liebe und der Hingabe kultivieren lassen. Ist die Emotion etwas, was uns überkommt, uns gefangen nimmt und quält? Haben wir Einfluss auf unsere Emotionen? Haben wir die Möglichkeit, Emotionen einfach nicht zu bewerten und dadurch nicht an ihnen zu leiden?

Emotionen sind ein Resultat aus einer körperlichen Reaktion und dem dabei stattfindendem gedanklichem Bewertungsmuster. Sie finden erst im Körper statt, wo sie sich als Energien entladen. Erst im Anschluss fängst du an, sie gedanklich zu bewerten. Die Bewertung ist aber keinesfalls starr. Es ist ganz allein deine Sache, wie du Herzklopfen, das Drücken in deiner Kehle interpretierst. Du musst deine körperlichen Regungen gar nicht als Angst interpretieren. Die Angst kommt erst durch deine gedankliche Vermischung. Du bist also keineswegs gezwungen, nach deinen ursprünglichen körperlichen Regungen zu handeln. Diese Erkenntnis sollte dir erlauben, mehr Freiheit und Spielraum über deine Emotionen zu gewinnen.

Beobachte deine Emotionen einfach als Energie und Körperreaktion. Wenn dein Herz pocht oder deine Muskeln krampfen, dann beobachte dies einfach. Betrachte es, ohne zu bewerten oder danach zu handeln. Katapultiere deine Energie nicht in den Kopf, lass sie einfach dort, wo sie entspringt. Du löst damit die Emotionen von der treibenden Kraft deiner Gedanken. Die Wut wird dann nur noch eine starke Erregung sein. Sie wird nicht mehr negativ, nicht mehr leidvoll und nicht mehr schädlich sein. Du löst dich von der Dominanz deines Kopfes und wirst dadurch in Freiheit erstrahlen können.

Es wird dir dann automatisch leichter fallen, deine Emotionen zu akzeptieren. Wenn du sie nicht mehr bewertest, warum sollst du sie dann nicht akzeptieren und hinnehmen?

Wenn du deine emotionalen Regungen akzeptierst, dann kannst du sie auch integrieren. Integrieren bedeutet einzusehen, dass du deine Emotionen selbst erschaffst. Du wirst langsam merken, dass du der Herr über deine Affekte bist und viel weniger fremdgesteuert, als du ursprünglich dachtest.

Wenn du Herr über deine Affekte bist, dann kannst du Energien einfach wieder abfließen lassen. Du kannst sie auflösen. Zusätzlich bist du in der Lage, deine ganzen Emotionen zu fühlen und nicht nur als Konzept zu denken. Vollständig empfundene Emotionen können schließlich aufgelöst werden. Du übernimmst Verantwortung für deine Emotionen und lässt dich nicht mehr von ihnen beherrschen. Du siehst, dass du sie selbst erzeugst. Niemand anders ist für deine Erregungen verantwortlich, als du selbst. Wenn du das eingesehen hast, werden dir die Emotionen nie mehr ernsthaften Schaden zufügen. Etwas, was du selbst erschaffst, kann dir nämlich kein Leid zufügen. Es ist deine alleinige Entscheidung, ob du darunter leidest oder nicht.

Wenn du deine Emotion aufgelöst hast, dann wirst du viel Raum in dir besitzen. Es wird der Raum für wahrhaftige Gefühle der Liebe sein. Durch diese Gefühle wirst du wieder ein Mensch, der sich der vollständigen Freiheit hingeben kann.

Affekte und unaufgelöste Energien halten dich gefangen. Du wirst immer unfrei sein, wenn du von deinen Emotionen gegeißelt wirst. Wenn du sie auflöst, dann wirst du ein freier Mensch. Ein liebender Mensch ist gleichzeitig auch ein freier Mensch. Ein Mensch mit viel Raum ist immer ein freier Mensch. Wenn du nicht mehr so voll von dir selbst bist, dann kannst du entfesselt leben, ohne an deiner Emotionalität einzugehen.

Um Emotionen aufzulösen, musst du sie vollständig spüren. Wenn du sie spürst, kannst du sie akzeptieren und integrieren. Du wirst zu deinem wahren Gefühl kommen. Wenn du in deine Wut und deine Angst eintauchst, dann wirst du erkennen, dass sie nichts weiter als energiegeladene Körpergefühle sind. Es gibt nichts bedrohliches an deinen Emotionen, wenn du sie nicht in deinen Kopf katapultierst. Du wirst auch einsehen, dass Emotionen nichts Dauerhaftes sind, sondern schnell wieder verfliegen. Die Vergänglichkeit der Affekte wird dir deutlich.

Um den Ablauf einer emotionalen Integration zu beschreiben, zeige ich dir die ganzen Schritte auf einen Blick. Mit diesem Ablauf kannst du anfangen, an deinen Emotionen zu arbeiten.

1. Spüre zuerst deine Emotionen ganz bewusst. Fühle jede Facette deiner Angst, deiner Wut oder Eifersucht.

2. Erkenne, dass deine Gedanken maßgeblichen Einfluss auf deine Emotionen haben. Du weißt, dass du deine Affekte selbst bewerten und interpretieren kannst. Es ist nicht nötig, deine Emotionen als etwas Negatives zu sehen. Empfinde sie vielmehr als etwas Neutrales. Emotionen sind Energien, die du mit einer neutralen und gleichmütigen Geisteshaltung einfach nur betrachten kannst.

3. Lerne deine Emotionen zu akzeptieren. Lasse sie einfach zu und sehe ein, dass sie etwas Menschliches sind. Du musst dich nicht mehr von deinen Emotionen zu Taten verleiten lassen. Mit deinen Gedanken gibst du den Emotionen erst die Macht. Du bist selbst dafür verantwortlich, wie du denkst.

4. Durch das Akzeptieren, das sanfte Betrachten und das anschließende Loslassen deiner Emotionen integrierst du sie. Integration bedeutet, dass du mit aller Bewusstheit erkennst, dass du die Affekte selbst erzeugst. Du bist der Herr über deine Affekte. Sie können deshalb gar nichts bedrohliches für dich darstellen.

5. Du hast erkannt, dass du der Herr über deine Emotionen bist. Es fällt dir nicht schwer, sie einfach nur hinzunehmen, ohne nach ihnen zu handeln. Du kannst die Emotionen auflösen und schaffst damit Raum für echte Gefühle. Diese echten Gefühle sind Empfindungen einer tiefen Verbundenheit und Liebe.

Ab jetzt kannst du erkennen, dass die Emotionen zwar da sind, dich aber nicht betreffen. Emotionen sind da, aber du bist nicht deine Emotionen. Ganz einfach. Du kannst sie vielmehr beobachten, wie die Wolken am Himmel.

Warum musst du diese Schritte absolvieren? Warum kannst du nicht einfach sagen, dass deine Emotionen dich nicht betreffen? Warum ersparst du dir die Schritte nicht? Für die Heilung deiner Emotionen ist es essenziell, dass du sie erst wahrhaftig und vollkommen empfindest. Löse deine Emotionen selbst auf und du erkennst, dass sie nichts Fixes sind. Du musst deine angestaute Energie erlösen und dem Tiger ins Maul schauen. Erst durch die Konfrontation, das völlige Annehmen deiner Regungen kannst du diese auch zähmen. Erst wenn du sie gezähmt und dadurch aufgelöst hast, kannst du die Identifikation mit ihnen aufgeben.

Manchmal bist du vielleicht so von deinen Emotionen entfremdet, dass du sie gar nicht mehr fühlst. Du hast dann einen energetischen Stau. Die Emotionen werden dich dann nicht mehr gefährden und du wirst auch nicht akut an ihnen leiden. Allerdings wirst du auch keine tiefe Erfüllung in deinem Leben spüren. Wenn du verdrängte Emotionen hast, dann wird deine Energie nie florieren. Egal, wie schmerzhaft es sein mag, du musst wieder zurück in deine Emotionen kommen. Du musst den Kontakt zu ihnen herstellen, um sie zu heilen und aufzulösen. Versuche also nicht weiter von deinen Emotionen davonzulaufen, sondern konfrontiere sie. Entdecke, welcher Schmerz hinter deiner Fassade schlummert. Lasse ihn einfach wieder zu. Lege nicht den Schleier von Scham über deine Emotionen. Verneine sie nicht. Bejahe alles, was kommt und du kannst dein freies Potenzial vollends für dich entdecken.

Das Innere deines Schmerzkerns

Übernehme Verantwortung für deinen Schmerz. Verantwortung für den Schmerz zu übernehmen bedeutet, dass du ihn konfrontierst. Es bedeutet, dass du dich nackt für deinen Schmerz machst und ihm ins Auge siehst. Du kannst deinen ganzen Schmerz einfach nur achtsam betrachten, statt ewig vor ihm wegzulaufen. Verantwortung für deinen Schmerz zu übernehmen bedeutet schlichtweg, ihn vollständig zu akzeptieren und ohne irgendwelche Ausflüchte zu empfinden.

Wenn du seelische Schmerzen hast oder dich verletzt fühlst, dann hat dies grundlegend mit deiner Liebesfähigkeit zu tun. Es ist ein tief sitzender Mangel an Eigenliebe, der sich in emotionaler Verletzung manifestiert. Schmerzen entstehen niemals neu. Sie sind eine Rückerinnerung an einen alten, tief vergrabenen und seit Ewigkeiten vorhandenen Schmerz.

Es gibt in dieser Hinsicht keine neuen Schmerzen. Du wirst immer auf unbewusste Art und Weise mit alten Erfahrungen und Mustern konfrontiert. Du tust dir dabei immer wieder weh. Es ist deine Verletzung, dein Schmerz und dein Mangel, den du in dir wahrnimmst.

Wenn du heute eine Verletzung erleidest, dann wird dein bestehender Schmerzkern angerührt. Die Umstände des Verletztwerdens können dabei unterschiedlich sein. Du kannst von anderen Menschen in anderen Situationen unter anderen Umständen verletzt werden. Es wird jedoch immer nur ein und dasselbe Schmerzzentrum in dir getroffen, ganz egal welche situativen Umstände für den Schmerz verantwortlich sind.

Du solltest in deinem Leben nicht versuchen, vor erneuten Schmerzen wegzulaufen und diese zu vermeiden. Konfrontiere lieber das Zentrum, den Kern deiner Verletzung. Wenn du das tust, dann kannst du deinen ganzen angesammelten Weltschmerz auflösen. Du wirst dann frei sein. Du wirst frei durch das Leben schreiten, ohne Angst zu haben, dass man Salz in deine Wunde streut.

Durch die Abwesenheit von Liebe konnte sich das Schmerzzentrum in dir ausbilden. Irgendwann in deinem Leben wurdest du abgewiesen oder gekränkt. Dir wurde die Liebe entzogen und du hast den Schmerz darüber tief in deiner Person manifestiert. Du hast folglich angefangen, dir selbst die Liebe zu entziehen. Durch den Mangel an Liebe bist du in deinem Schmerzkern sehr empfindlich geworden.

Die Ursache der Schmerzen zu erkennen ist dabei weniger wichtig, als die Schmerzen zu spüren. Wann immer du gegenwärtig Schmerz empfindest, gehe tiefer in ihn hinein. Versuche den Schmerz dort zu fassen, wo er herkommt. Versuche seinen Ursprung zu lokalisieren.

Du wirst nicht frei von Schmerzen sein, in dem du ihnen aus dem Weg gehst. Diese Art der Flucht funktioniert nicht, denn die Schmerzen werden irgendwann wieder aus dir hervorbrechen oder sich in irgendeiner Form manifestieren. Wenn du den Schmerz verdrängst, wird dir irgendwann dein Körper wehtun. Unaufgelöster Schmerz wird sich immer Nischen der Manifestation suchen. Er wird nicht einfach von selbst verschwinden.

Erst wenn du den Kern deines Schmerzes betrachten kannst, wirst du ihn auch auflösen können. Es ist ein ähnlicher Vorgang wie bei deinen Emotionen. Erst ein gefühlter Schmerz kann akzeptiert werden. Ein verdrängter Schmerz dagegen wird immer in deinem Unterbewusstsein tosen und Schaden anrichten.

Es ist gar nicht so leicht, deinem Schmerzkern zu begegnen. Du hast automatische Schutzmauern aufgebaut, um den Schmerz nicht zu konfrontieren. Du hast ihn als etwas Negatives eingestuft und geglaubt, er wäre für dich und dein Lebensglück bedrohlich. Ein vollständig empfundener Schmerz ist aber nicht bedrohlich, weil du immer Zugriff auf ihn hast. Wenn du ihn empfindest, dann kann dein Schmerz keinen Schaden anrichten.

Wie kommst du am besten in dein Schmerzzentrum hinein? Dafür lohnt es sich bewusst und achtsam zu sein. Wenn du anfängst, Schmerzen zu fühlen, dann werde dir dem Moment des Schmerzes sofort bewusst. Werde dir dessen bewusst, bevor du anfängst deinen Schmerz zu verdrängen. Zwischen Schmerz empfinden und ihn verdrängen befinden sich nur minimale Zeiträume, du musst also sehr achtsam sein. Wenn du stets alles bewusst wahrnimmst, dann wirst du deine Schmerzen in ihrer ganzen Fülle wahrnehmen können. Du wirst den Augenblick des Schmerzes ergreifen, bevor sie wieder im Ozean deines Unterbewusstseins verschwinden.

Wenn dich jemand verletzt, dann nimm es ihm nicht so übel. Projiziere deine Wut nicht auf diesen Menschen, sondern betrachte ihn als Spiegel. Er zeigt dir erst, ob du noch unaufgelöste Schmerzen in dir hast. Er kann nur den Schmerz nach oben holen, den du ohnehin schon besitzt. Statt deine Verletzung gegen die Person zu schmeißen, nutze lieber die Chance hinter deinen Schmerz zu blicken. Je mehr du übst, deinen Schmerz bewusst wahrzunehmen, desto mehr wirst du mit ihm in Kontakt kommen.

Wenn du bei dem tief sitzendem Schmerz angelangt bist, wirst du den Mangel an Liebe erkennen, aus dem er herrührt. Du wirst erkennen, dass der Schmerz mit deiner Liebesfähigkeit zu tun hat. Dein altes Empfinden abgewiesen zu werden und nicht geliebt zu sein, wird zutage treten. Du wirst auch einen Mangel an Eigenliebe bei dir bemerken. Versuche die mangelnde Liebe mit neuer zu füllen. Verzeihe dir und deinen Mitmenschen, fange an Mitgefühl und Liebe für dich zu empfinden. Je mehr Liebe du für dich empfinden wirst, desto kleiner wird dein verletztes Schmerzzentrum. Irgendwann wird es dir gelingen, das klaffende Loch der fehlenden Liebe in dir schließen und die tief sitzende Verletzung auflösen.

Unaufgelöster Schmerz bindet dich. Unaufgelöster Schmerz macht dich unfrei. Übernehme Verantwortung für deinen Schmerz und fühle ihn bewusst, als etwas wahrhaft zu dir Gehörendes. Das ist die einzige Form von wirklicher Verantwortung. Die ständige Flucht vor dem Schmerz ist das Abschieben von Verantwortung. Anderen die Schuld zu geben für deinen Schmerz ist ebenfalls das Abgeben von Eigenverantwortung.

Es ist wichtig, dass du so oft wie möglich in Kontakt mit deinem Schmerz bist. Du kannst deinen Schmerz erst vergessen, wenn du ihn integriert hast. Spinne dir keine verkopften Theorien zusammen, woher der Schmerz nun kommen mag. Über Schmerz zu theoretisieren und rationalisieren wird dich immer vom Kern entfernen. Spüre ihn und du wirst die Ursachen intuitiv erkennen können. Es wird im persönlichen Bereich immer die verletzte Liebe sein. Du kannst deshalb auch anfangen, selbst Liebe zu geben. Wenn du in deiner Liebe aufblühen kannst, dann wird dein Schmerz sich wandeln. Wenn du dich der Liebe hingibst, dann können die Schmerzen von einem entzückenden Gefühl der allumfassenden Liebe erlöst werden.

Du kannst mit deinem körperlichen Schmerz genauso umgehen, wie mit deinen seelischen Verletzungen. Auch der physische Schmerz kann achtsam betrachtet werden. Auch körperliche Schmerzen deuten auf seelische Blockaden hin.

Betrachte deinen Schmerz, atme bewusst in ihn hinein. Wie du deinen Atem auf die Körperregionen lenkst, hast du bereits im Körperkapitel erfahren. Wenn du deinen Schmerz mit deiner Atmung bewusst erlebst, dann wird er sich nach einiger Zeit auflösen. Akzeptanz ist dabei das A und O. Habe keine Widerstände den Schmerz anzunehmen, denn Widerstände werden dir nichts bringen und den Schmerz nur weiter in dir forcieren. Durch das vollständige Empfinden deines Schmerzes übernimmst du auch die Verantwortung dafür. Durch Weglaufen kannst du deinem Schmerz nicht entkommen, schließlich erzeugst du ihn zu jeder Zeit und in jeder Situation selbst. Egal, wo du dich befindest, der Schmerz wird immer mit dir gehen. Also bleibt dir nur die völlige Konfrontation damit.

Durch die direkte Auseinandersetzung mit deinem Schmerz kann es durchaus passieren, dass er zu Beginn noch intensiver wird. Das ist ein gutes Zeichen. Du fängst an, den Schmerz vollständig zu fühlen und nicht nur einen Teil davon. Du nimmst die Energie hinter deinem Schmerz mit allen Facetten wahr. Nichts kann dir in diesem Augenblick noch entfliehen. In der Vollständigkeit deiner Wahrnehmung wirst du ihn auch vollständig auflösen können.

Woher rührt eigentlich das tiefe menschliche Schmerzbewusstsein? Gibt es einen Urschmerz, auf den alles zurückzuführen ist? Schmerz hat eine tiefe spirituelle Bedeutung. Jeglicher Schmerz zielt in seiner Wurzel auf einen Urschmerz. Dieser Urschmerz repräsentiert deine Trennung von der Welt. Es ist dein individuelles Ich-Bild, auch Ego genannt, das abgesplittert von der ganzheitlichen Empfindung verloren in der Welt wandelt. Dein Ich-Bild sehnt sich nach der kosmischen Einheit, leidet aber an einer unnatürlichen Trennung. Um den Urschmerz vollständig zu erreichen, musst du an deiner Ausdehnung arbeiten. Du kannst daher bewusst versuchen, die verlorene Einheit wieder herzustellen und dich nicht mehr einzig als getrenntes und völlig isoliertes Individuum wahrzunehmen.

Der Zustand der Einheit ist ein natürlicher Zustand. Er ist höchst spirituell, aber doch voller Bescheidenheit. In den nächsten Kapiteln wird es daher gezielt um die Arbeit an deinem Ego gehen. Einheit ist das gesunde Schrumpfen deines kleinen Egos. Du tauschst das Ego zugunsten eines höheren Zwecks aus. Die Einheit ist deine pure Freiheit. Es ist der höchste, selbstverständlichste Zustand der menschlichen Evolution. Je mehr du dich als Einheit fühlen kannst, je mehr du aus dem Kerker deines Ich-Bewusstseins ragst, desto weniger Schmerzen werden dich malträtieren. Schmerz ist nur innerhalb deiner Trennung real. Ohne Trennung gibt es keinen wirklich Schmerz, an dem du leiden könntest.

Um deinen Schmerz besser zu integrieren, kannst du versuchen den Schmerz deiner Mitmenschen auf einfühlsame Art und Weise zu empfinden. Damit unterstützt du nicht nur deine Mitmenschen, sondern gelangst auch selbst in deinen Schmerzkern. Verwechsele dies nicht mit Mitleid. Wenn du die Schmerzen von anderen Menschen fühlst, dann kannst du auch deine eigene anrühren und an die Oberfläche holen. Du kannst durch das Einfühlen in das fremde Schmerzbewusstsein deinen eigenen finden, akzeptieren und heilen.

Wenn du manchmal das Gefühl hast, psychisch wahnsinnig zu werden, weil du so sehr an seelischen Schmerzen leidest, dann kannst du folgende Maßnahme ausprobieren: Steigere dich absichtlich in deine Verzweiflung hinein. Weine vor Schmerz, tobe und krampfe. Nach einiger Zeit wirst du merken, dass du den Schmerz selbst erzeugst. Es wird dir dann leichter fallen, mit dem qualvollen Leiden aufzuhören.

Natürlich kann es passieren, dass der Schmerz sehr tief sitzt und nicht nach Belieben aufgelöst werden kann. In dem Moment sitzt der Schmerz wie zäher Schleim in deinem Bewusstsein. Verbinde dich in diesem Fall mit der Welt. Habe das Gefühl mit dem Schmerz nicht alleine dazustehen. Du wirst ein tiefes Gefühl der Verbundenheit spüren. Du wirst dich von der Welt in deinem Schmerz getragen fühlen, du wirst nicht mehr ganz allein mit deinem Schmerz dastehen. Versuche auch die Weite zu fühlen, die sich hinter deinem Schmerz befindet. Hinter deinem Schmerz befindet sich immer die grenzenlose, reine Freiheit. Fühle die Liebe, die dahinter steckt. Dies wird dir erleichtern, deine Schmerzen zu akzeptieren und nicht daran zu verzweifeln.

Leiden lernen

Wir haben in unserem Leben nicht gelernt, richtig zu leiden. Auch du hast in deinem Leben oftmals versucht, dem Leiden auszuweichen. Das Ausweichen rührt aus der Überzeugung, Leiden sei etwas Schlechtes und müsste deshalb vermieden werden. Wie kannst du dich nach stetigem Glück sehnen, ohne das Leiden zu akzeptieren? Glück und Leid bedingen einander. Du kommst deshalb nicht umhin, das Leiden zu akzeptieren. Wenn du das Leiden in allen Facetten zulässt, dann wirst du auch das dazugehörige Pendant der tiefen Freude empfangen können.

Laufe nicht vor deinem Leiden weg, spüre die dabei entstehenden Energien. Leide bewusst und achtsam. Wenn du bewusst leidest, dann wird es sich auf friedliche Art und Weise auflösen. So komisch es für dich klingt, aber du musst lernen, dein Leiden in vollen Zügen zu genießen. Das Leiden zu genießen ist für dich förderlicher, als es mit aller Macht vernichten zu wollen.

Steigere dich deshalb ruhig in dein Leiden hinein. Sei dabei bewusst und fühle dich wie gestochen vom Leid. Leide solange, bis es keinen Grund mehr gibt zu leiden. Irgendwann ist dein komplettes Leidenspotenzial einfach ausgeschöpft. Du wirst dann automatisch wieder Gefühle tiefer Freude und Verbundenheit in dir fühlen.

Du bist mit der Überzeugung aufgewachsen, Leiden wäre etwas durchweg Schlechtes und Freude stets etwas Positives. In der Gesellschaft wird immer versucht, dem Leiden auszuweichen. Alles fixiert sich darauf, das Glück anzuhäufen und das Leiden zu verhindern. Du erkennst dabei nicht, dass Leiden und Glück zusammengehören. Es ist nicht das Gegenteil. Es sind keine gegenteiligen Kräfte, die stets im Krieg miteinander stehen. Versuche einfach zu leiden, ohne dich dabei schlecht zu fühlen, egal wie paradox es für dich auch klingen mag. Es ist nicht nötig, am Leid zu zerbrechen. Du kannst genauso gut im Leiden deine grenzenlose Freiheit und Wahrheit entdecken.

Viele weise Menschen haben durch das vermeintliche Leiden das Leben auf besondere Weise kennengelernt. Sie haben durch ihr tiefes Leid zu Gott gefunden. Die jüdische Mystikerin Etty Hillesum wurde zum Leiden verdammt, in dem sie in ein Konzentrationslager verschleppt wurde. In ihrer vermeintlich ausweglosen, von Unfreiheit durchsetzten Situation entfachte sie ihre grenzenlose göttliche Freiheit. Sie hatte gar keine andere Wahl und hat sich deshalb für den Weg des Lichtes entschieden.

Ein anderes Beispiel ist Treya Wilber, die ehemalige Ehefrau des amerikanischen Philosophen Ken Wilber. Im unfassbaren Leiden ihrer Krebserkrankung folgte sie dem Licht. Durch die konstante Auseinandersetzung mit der Angst vor dem Tod gelang es ihr, die tiefste Freiheit, die ein Mensch besitzen kann, für sich zu entdecken.
Viele Menschen sind durch ihr Leid zu tiefer Weisheit gelangt. Starkes Leid setzt nämlich gezielt starke Energien frei. Du befindest dich dann in einer Ausnahmesituation, die dein Bewusstsein völlig aufwirbelt. In diesem Wirbelsturm der Umnachtung kannst du deine einst verlorene Freiheit wiederfinden

Warum fällt es dir so schwer zu leiden? Übernehme Verantwortung für dein Leiden, dann kannst du es auch akzeptieren. Wenn du aufhörst gegen dein Leiden zu kämpfen, wenn du nicht mehr versuchst, dem Gefühl der Verlorenheit zu entfliehen, dann kannst du damit Frieden schließen. Wenn du es dagegen verdammst, dann wird dich das Leiden aus dem Hinterhalt packen und dich manipulieren. Warum ist Leiden so schlimm? Es ist nicht schlimm. Es ist, was es ist. Ein Teil deiner irdischen Existenz. Du machst das Leiden erst so schlimm, in dem du soviel Angst davor hast. Du kannst tatsächlich versuchen genüsslich zu leiden und es dadurch aufzulösen. Um Leiden bewusst und integrativ aufzulösen, kannst du versuchen Tonglen zu praktizieren. Tonglen ist eine Meditationsübung aus dem tibetischen Buddhismus. Du kannst bei dieser Übung durch Aufnahme des Leides anderer Menschen auch dein eigenes besser akzeptieren. Übe Tonglen, um besser mit deinem Leidenspotenzial umgehen zu können. Darüberhinaus kannst du durch diese Meditation Mitgefühl und Liebe in dir erwecken. Tonglen basiert auf der Wechselwirkung zwischen Nehmen und Geben:

Prozess des Nehmens: Visualisierend empfindest du bei der Einatmung, dass du das Leid von anderen Menschen aufnimmst. Es kann sich dabei um diverse Formen von Leiden handeln. Du kannst dir währenddessen Verwandte, Freunde oder auch fremde Menschen auf der ganzen Welt vorstellen. Wichtig ist dabei nur, dass du den seelischen Schmerz spürst, den jene Menschen erleiden und erlitten haben.

Prozess des Gebens: Beim Ausatmen zentrierst du deine ganze Liebesfähigkeit, dein ganzes positives Empfinden und gibst es zu den leidenden Menschen in die Welt hinaus.

Beim Tonglen transformierst du die Leidensenergie in Liebe. Du wandelst dein Leiden auf gesunde Art und Weise um.

Zu Beginn wird dir die Übung vielleicht schwerfallen. Du wirst schließlich erst mal nicht annehmen, dass es heilsam wäre, das Leid anderer Menschen aufzunehmen und es mit deinem Glück zu tauschen. Tonglen kann dich aber von Grund auf reinigen. Durch die endlose Weite des selbstlosen Handelns kannst du deine negativen, leidenden Emotionen in grenzenloses Mitgefühl umwandeln. Du wirst dein Herz öffnen und dein Leiden damit auflösen. Tonglen schult zudem deine Achtsamkeit. Das Üben wird deinen quirligen Geist beruhigen und deine Aufmerksamkeit schulen. Du kannst die Übung auch so praktizieren, dass du Mitgefühl für dich selbst entwickelst. Durch diese Praxis lernst du, dein Leiden anzunehmen. Du wirst es nicht mehr wegstoßen und von dir weisen, sondern einfach akzeptieren. Darin wird letztendlich deine große Freiheit liegen.

Warum leidest du? Du leidest, weil du deinen gegenwärtigen Zustand nicht akzeptieren kannst. Du leidest, weil du deine Person nicht annehmen willst. Du willst anders sein und anders fühlen, als du es jetzt tust. Auch leidest du, weil du glaubst, nicht genug zu sein.

Versuche dein Leiden mit deinem Glück auszutauschen. Dafür musst du zuerst dein Leiden vollends und bewusst akzeptieren. Sage nicht nur, dass du es akzeptierst. Du musst diese Entscheidung wirklich in deinem Inneren fühlen. Akzeptiere, wie du gerade bist. Sehe es als etwas Positives, dass du so bist, wie du bist. Erkenne, dass sowohl dein Leid, als auch deine Mängel absolut menschlich sind.

Es kann auch sein, dass du an Schuldgefühlen leidest. Schuldgefühle besitzen ein hohes Leidenspotenzial und binden dich an falsche Überzeugungen fest. Setze dich mit deinen unerlösten Energien auseinander. Finde heraus, für was du dich schuldig und verantwortlich fühlst. Ist die Schuld nicht vielleicht eine Illusion? Versuche dir zu verzeihen, fühle Mitgefühl für dich selbst und verbinde dich mit der Welt. Empfinde wahrhaftige Liebe und du wirst dich nicht mehr schuldig fühlen. Schuld ist ein vages Konzept, doch es reicht nicht aus, einfach theoretisch zu sagen, es gebe keine Schuld. Du musst diese Erkenntnis in deinem Inneren manifestieren und die festsitzenden Energien erlösen. Durch Mitgefühl für deine Person kannst du diese Energie auf heilende Art und Weise erlösen.

Sehe auch ein, dass Leiden zu deinem irdischen Leben dazugehört. Wenn du dich nach Glück sehnst, wirst du immer mit Leiden konfrontiert werden. Solange du eine Ich-Identität hast, wirst du noch oft im Leben leiden. Es ist aber nicht schlimm zu leiden. Akzeptiere dein Leiden mit einer großen Portion Liebe. Es ist feige, vor dem Leid wegzulaufen, weil du dich damit in deinem Leben beschränkst, indem du dich in ein Schneckenhaus flüchtest. Vieles in deinem Leben verbietest du dir, um nicht mit deinen Schmerzen konfrontiert zu werden. Je mehr du dein Leiden abdrängst, desto mehr verweigerst du dich der Möglichkeit, tiefe Freude zu empfinden.

Erkenne, dass Leiden nicht nur schlechte Seiten besitzt. Wenn du richtig leidest, dann wirst du Momente der Freude besser wertschätzen können. Verteufle es nicht. Wenn du aufhörst, dein Leid zu bewerten, dann wirst du in den wahren Schmerz hineingehen können. Wenn du einfach das Leiden zulässt, dann wirst du unmittelbar zu deinem Schmerzkern kommen, ohne daran zu zerbrechen. Du wirst einfach nur die pure Energie deines Leides fühlen, ohne dich dagegen zu sträuben.

Vielleicht basiert dein Leid auf der Überzeugung du wärst ein Opfer der Welt und deiner Umstände? Vielleicht leidest du, weil ein Mensch dir etwas angetan hat und dein Schicksal es nicht gut mit dir meint? Übernehme Verantwortung dafür. Du bist kein Opfer dieser Welt, denn es gibt kein Opferdasein. Zu jedem Opferaspekt in deinem Inneren gibt es auch das Täterpendant. Es sind zwei Seiten einer Medaille. Versuche deinen verdrängten Tätertendenzen auf die Schliche zu kommen. Lass sie in dein Bewusstsein kommen und akzeptiere sie. Wenn du dies getan hast, dann wirst du dich automatisch nicht mehr als Opfer dieser Welt sehen. Du wirst integriert in dir sein und merken, dass du dein Schicksal selbst in der Hand hast.

Muster, Gewohnheiten und Überzeugungen.

Deine Muster und Gewohnheiten verhindern deine Freiheit. Sie versetzen dich in einen unbewussten Automatismus, den du nicht klar wahrnehmen kannst. Wenn du durch deine Gewohnheiten funktionierst, dann bist du nicht in deiner Freiheit. Du wirst niemals das Gefühl haben, etwas aus wirklich freien Stück zu schaffen oder zu verkörpern. Muster sind Gefängnisse. Sie lenken, treiben und bestimmen dich. Sie halten dich in einer verengten Perspektive, von der du nicht bewusst Abstand nehmen kannst. Du bist dann von dir selbst entfremdet, weil du Dinge tust und Rollen verkörperst, ohne genau zu wissen, warum.

Wie entstehen Gewohnheiten und Muster? Sie entstehen durch angelernte Unachtsamkeit. Sie entstehen, wenn du das Leben nicht bewusst lenkst und betrachtest, sondern dich in dir selbst verlierst. Als Kind kannst du dagegen nichts tun, weil du dich in jungen Jahren immer in dir selbst verlierst. Früher warst du dir deiner selbst nicht bewusst. Heute hast du ein Bewusstsein entwickelt, dass dir erlaubt, deine Taten und Gewohnheiten zu hinterfragen. Der britische Philosoph David Hume betrachtete den Menschen als Gewohnheitstier. Er passt sich seinem gewohnten Ablauf an und wird unbewusst immer nach demselben Muster handeln. Ob die Gewohnheiten für ihn förderlich sind, ist fraglich. Der Mensch besitzt sie einfach und handelt nach dem Muster, mit dem er am besten vertraut ist. Das Bekannte ist jedoch nicht immer mit Freiheit und tiefer Freude gleichzusetzen. Gewohnheiten sind keineswegs so förderlich. Sie sind triste Abbilder deines Lebens, sie sind nicht frisch und rein, sondern wie trübes Wasser. Durch Gewohnheiten gerätst du in einen Trott. Du bist unfähig, die wunderbaren Augenblicke zu genießen, weil jeglicher Moment aus zwanghafter Unbewusstheit kommt. Du merkst die Klarheit jedes Augenblicks nicht mehr, weil du nur noch funktionierst und nicht wirklich wach bist.

Was also sind konkrete Beispiele für Gewohnheiten? Gewohnheiten äußern sich im Verhalten. Sie zeigen sich manifestiert auch in dem, was du für deine Persönlichkeitsmerkmale hältst. Du bist so in deinen Mustern involviert, dass du sie gar nicht erst infrage stellen kannst. Sie sind als so selbstverständlich in deiner Existenz eingebrannt, dass du ihnen blindlings und überall hin folgst. Jeden morgen wachst du auf und küsst deine Frau. Machst du dies tatsächlich aus deiner wachen Liebe heraus oder nur, weil es für dich so üblich ist? Hast du Sex, weil er zu deiner Gewohnheit geworden ist, oder bist du immer klar und mit aller Intensität dabei? Du siehst, dass viele deiner Handlungen von einer maschinellen Gewohnheit durchsetzt sind. Versuche dir dem ganzen bewusst zu werden und sei achtsam bei allem, was du tust. Wenn du achtsam bist, dann wirst du in deinem Leben eine neue Qualität und Intensität erfahren. Wenn alle Dinge aus vollem Bewusstsein tust, dann wirst du das freudige Gefühl haben, aus tiefer Freiheit heraus zu handeln.

Muster sind überall in deinem Leben vertreten. Du ziehst daher im Leben auch genau das an, was zu deinen Mustern passt. Wenn du Überzeugungen über dich selbst hast, dann wirst du genau das anziehen, was diese Überzeugungen bestätigt. Wenn deine Überzeugung negativ ist, wird dich die Welt auch negativ bestätigen. Dies ist keine Zauberei. Deine Wahrnehmung ist gekoppelt an deine Muster und zieht resonante Dinge an, die in deinem Bewusstsein schlummern. Das kann sowohl bewusst, als auch völlig unbewusst passieren. Wenn du tiefe Angst in dir trägst, dann wirst du immer in Situationen kommen, die deine Angst weiter schüren werden. Wenn du Muster des Zornes in dir hast, wirst du immer wieder auf Menschen treffen, die deinen Zorn in irgendeiner Weise hervorrufen.

Deine Muster machen dich Unfrei. Sie halten dich davon ab, die Welt so zu erleben, wie sie wirklich ist. Sie halten dich immer in einer Blase aus Überzeugungen gefangen, aus der du nicht herausschauen kannst. Sie halten dich in den Überzeugungen gefangen, die du selbst über die Welt legst. Innerhalb deiner Überzeugungen wirst du die Schönheit der Welt aber immer nur kastriert wahrnehmen können. Erst außerhalb der eigenen Überzeugung kannst du die Welt auf ganze Weise erleben.

Betrachte deine Gewohnheiten mit völliger Achtsamkeit. Hinterfrage sie bewusst und erkenne die Freiheit, die dahinter verborgen ist. Nur so kannst du ein ganzer Mensch werden. Nur so erlöst du dich von der Sklaverei eines mechanischen und ausdruckslosen Lebens. Mit einer gewissen Offenheit und Neutralität wirst du voller Vitalität durchs Leben schreiten. Du wirst die Welt mit kindlichen Augen betrachten können und nichts mehr aus falschen Überzeugungen anziehen. Du wirst weniger bewerten, weil deine Gewohnheit, etwas als schlecht zu sehen, einfach nicht mehr da sein wird. Du wirst einfach nur in deinem ganzen Sein aufgehen und die weltlichen Dinge werden einen neuen Glanz entfalten. Es wird ein Glanz sein, den du aufgrund deiner Gewohnheiten schon längst nicht mehr wahrnehmen kannst. Gewohnheit macht die Dinge gewöhnlich. Befreie dich von all deinen Bildern, die dich in einen Automatismus bringen, denn sie benebeln die Sicht auf die entzückenden Seiten deiner Existenz.

Wie schon oben erwähnt, entstehen Gewohnheiten aus einer mangelnden Achtsamkeit. Wenn du achtsam bist, dann wirst du stets im jetzigen Moment anwesend sein. Du kannst dann gar nicht mehr aus deinen eingebrannten Überzeugungen handeln. Du wirst ein weißes Blatt Papier sein, das jeden Augenblick im Leben auf völlig neue Weise erlebt.

Du erlebst in deinem Leben oft Schocks, die dich aus der Alltagswahrnehmung herausreißen. Sie stellen im Augenblick des Auftretens dein gewöhnliches Weltbild infrage. Du siehst diese Schocks als negativ, weil du meinst, dass sie deine innere Harmonie und dein zu Hause zerstören. Das, was du für dein zu Hause hältst, ist eine Ansammlung deiner Gewohnheiten und Muster. Du fühlst dich innerhalb dieser Überzeugungen wohl. Doch alles, was darüber hinaus geht, wird dein Bewusstsein als Bedrohung wahrnehmen. Deine Überzeugungen gaukeln dir nur eine Scheinsicherheit vor, bewerte die auftretenden Schocks also nicht negativ. Sie sprengen dein gewohntes Weltbild und geben dir wieder Raum, dich und dein Leben völlig neu zu entdecken.

Weltbilder und Ideologien können dagegen niemals positiv sein. Sie binden dich fest. Du bist dann indirekt verpflichtet, deinen eigens erzeugten Bildern zu folgen. Du hast dich dann selbst gefesselt und kannst weder frei entscheiden, noch hinter deine Überzeugungen schauen.

Viele Muster wirken sich bei dir auch rückkoppelnd auf deine Emotionen aus. Deine unbewussten Gedankengänge aktivieren passende emotionale Rezeptoren. Fühle dich in folgende Situation ein: Jemand wirft dir gewisse Wörter an den Kopf, die dich in dieser Situation verletzen. Wenn du diese Worte hörst, dann aktivierst du gewisse Überzeugungen. Diese trichtern dir ein, du müsstest dich davon verletzt fühlen. Du bist in diesem Moment so unbewusst, dass du gar nicht anders kannst. Du hast die Überzeugung, dass gewisse Aussagen deine Person infrage stellen und verletzen. Sie sprechen genau auf deine Überzeugungen an, die mit Minderwertigkeitsgefühlen durchtränkt sind. Befreie dich aus diesem System. Hinterfrage dein Weltbild, deine Überzeugung und du wirst ein Leben als freier Mensch führen können. Überzeugungen fesseln dich. Sie machen dich zu einem unfreien Menschen, der über keine bewusste Entscheidungsfähigkeit mehr verfügt. Ohne Überzeugungen könntest du in jedem Augenblick selbst entscheiden, ob du dich von gewissen Aussagen verletzt fühlst oder nicht.

Wenn du zu stark in deinen Überzeugungen festhängst, dann wirst du dich nur schlecht hingeben können. Du wirst innerhalb deiner Muster den Lauf der Dinge nicht akzeptieren können. Diese unzähligen Meinungen über die Welt und über dich selbst werden dich festhalten. Sie werden Magnete sein, die deine Ausdehnung und damit Freiheit mit dir selbst und der Welt verhindern.

Wie kannst du dir deiner Muster bewusst werden? Wie kannst du dich davon befreien und wieder zu einem eigenverantwortlichen Leben zurückkehren? Wie kannst du wieder deine kindlichen Augen öffnen, mit der du die Welt voller Unschuld betrachten kannst? Auch hier gilt es elementare Eigenverantwortung zu übernehmen. Du musst Verantwortung dafür übernehmen, kein mechanisierter und fixierter Mensch zu sein. Du musst Verantwortung dafür übernehmen, in jeder Sekunde deines Lebens frei entscheiden zu können. Dies ist ein langer Weg und Achtsamkeit ist der Schlüssel dafür. Wenn du achtsam bist, dann wirst du immer den Moment lieben. In der Liebe zum Moment wirst du immer aus einer gegenwärtigen Entscheidung heraus handeln können. Du wirst dich nicht mehr von deinen brodelnden Prozessen überzeugen lassen, die in deinem Unterbewussten wüten. Die unmittelbare Gegenwärtigkeit wird dir erlauben, aus Freiheit heraus zu entscheiden und zu handeln. Du wirst auch aus Freiheit fühlen können. Dein Leben wird nicht mehr von angelernten Überzeugungen und Mustern geprägt sein, sondern in jedem Augenblick neu erstrahlen.

Wenn du dich endlich als einen Menschen betrachten kannst, der frei und leer von allen Mustern und Gewohnheiten ist, dann wird dir die größte Freiheit gegeben sein. Diese Geistesleere wird keine Sinnlosigkeit oder Plumpheit deiner Existenz darstellen. Es wird die endlose Freiheit sein, den Moment einfach so anzunehmen, wie er wirklich ist. Du wirst den Moment erfahren, ohne ihn durch deine Bilder und deine Vergangenheit zu filtern.

Auch die typischen Süchte wie Rauchen oder Alkoholismus sind physisch manifestierte Muster. Die suchterregenden Stoffe füllen deine Muster aus. Deine Abhängigkeit basiert auf der Überzeugung von dir, durch die Substanzen stimuliert zu werden. Es ist ein unbewusster Automatismus, der dich dazu treibt, deine Person mit den Mitteln zu füllen. Du tust es nicht aus sinnlichem und bewussten Genuss, sondern weil es ein tief eingebranntes Muster bei dir ist. Versuche achtsam darüber zu stehen. Frage dich, ob du diese Dinge wirklich brauchst oder sie nur kompensatorisch sind. Werde dir bewusst, dass du jederzeit die Freiheit besitzt, selbst zu entscheiden, ob du konsumieren möchtest oder nicht. Abhängig machende Muster können dich in universeller Sicht in deiner endlosen Freiheit nicht binden.

Angst

Verstehe deine Angst. Fühle deine Angst neutral, ohne sie in deinen Kopf zu holen. Gebe dich der Liebe hin. Wende dich zum Licht und zu deiner unbegrenzten Freiheit und du wirst dich von nichts mehr bedroht fühlen können. Jeder von uns kennt Zustände der Angst. Angst in eine Grundemotion, die uns fesselt und die freie Entfaltung verhindert. Wenn du im Zustand der Angst bist, dann kannst du dich nicht ausdehnen. Du versteckst dich zusammengekauert in deinem kleinen Ich-Bild. Angst entsteht bei Abwesenheit von Liebe und fungiert fernab deiner wirklichen Freiheit. Das Leben eines jeden ist unmittelbar von Ängsten bestimmt. Angst lähmt dich. Angst erinnert dich immer wieder an deine Sterblichkeit und stellt für dich einen lästigen Feind in deinem Leben dar. Eine herzliche Verbindung mit den Menschen, die du liebst und schätzt, wird durch deine Angst zunichtegemacht, da du stets auf deine eigene Sicherheit bedacht sein wirst.

Grundsätzlich ist jede Angst in seiner Grundform die Angst vor deinem Tod. Du fürchtest dich davor, dass dein leiblicher Körper und deine individuelle Existenz ausgelöscht wird. Das ist dein natürlicher Instinkt, denn du besitzt einen stetigen Lebenserhaltungstrieb. Wenn du dich in deiner persönlichen Existenz bedroht fühlst, dann kommt Angst hoch. Diese Bedrohung muss tatsächlich keine reale sein, schließlich hast du oft Angst, ohne ernsthaft in einer Bedrohung zu sein. Dennoch fühlt es sich für dich so an, als müsstest du um dein erfolgreiches Weiterleben kämpfen. Angst kommt oft in Wellen und ist gepaart mit einem Gefühl der Sinnlosigkeit. Sie manifestiert sich in bedrohlichen Grübeleien, Gedanken und dem Stress, in deinem Leben zu scheitern. Du malst dir in deinem Kopf Bilder aus von Szenarien, die dich überfordern und in Schrecken versetzen. Du lähmst dich damit selbst und verkriechst dich in ein isoliertes Schneckenhaus. Wenn du richtige Angst hast, wirst du dich immer isoliert und alleine fühlen, egal wie viele Menschen du um dich herum haben wirst. Du bist dann in deiner Isolation gelähmt, ohne einen Weg herauszufinden.

Ängste sind zwar stetig wiederkehrende Denkmuster, doch tatsächliche Angstenergie entsteht zuallererst in deinem Körper. Du nimmst ein Zittern wahr, du spürst die Beengung in deinem Halsbereich oder du merkst die Kälte, die deinen ganzen Körper erfasst. Auch kann dein Herz anfangen zu rasen und du interpretierst darin eine Bedrohung für deine Person. Du hievst die ganze Angstenergie in deinen Kopf und hältst dich darin gefangen. In dieser selbst gewählten Gefangenschaft grübelst und denkst du über Angst einflößende Dinge nach. Diese forcieren deine Angst noch mehr und du hältst dich in einem Kreislauf deiner Gedanken gefangen.

Du kannst jedoch leicht erlernen, mit deiner Angst konstruktiv umzugehen. Betrachte dabei einfach deine körperlichen Reaktionen, während du Angst hast. Nichts weiter. Betrachte dein Zittern, dein Krampfen und Bibbern ohne es zu verdrängen. Schaue der Angst direkt ins Auge, konfrontiere sie mit deiner ganzen Kraft der Bewusstheit. Je mehr du von deiner Angst wegläufst, desto mehr wird sie dich aus dem Hinterhalt ergreifen und desto mehr wird sie dich in deiner freien Lebensgestaltung hemmen.

Angst ist im Grunde nichts, was dich einfach so überfällt. Du bist derjenige, der die Angst aufrecht erhält, denn niemand anders kann das tun. Die Angst, die dich hemmt, ist dabei nur eine Wahrnehmungsverzerrung und keine tatsächliche Bedrohung. Du kannst in deiner freien Existenz gar nicht bedroht werden. Allenfalls kannst du dich selber in deiner Freiheit gefährden, weil du deine Existenz fehlinterpretierst. Du siehst in den irdischen Dingen eine existenzielle Gefahr für dich, weil du dich als getrennt von der Erde siehst. Ohne Trennung gibt es keine Angst.

Die rationale Einsicht, dass Angst etwas Illusionäres ist, kann dir aber bei deinen starken Emotionen nicht helfen. Die Energie, die dich immer wieder überkommt, ist einfach stärker als dein Verstand. Aus diesem Grunde musst du deine Angst in ihrem reinen Ausdruck empfinden. Habe keine Angst vor der Angst, denn deine Angst selbst tut dir nichts. Es ist immer noch deine Entscheidung, ob du an deiner Angst zerbrichst, denn du kannst sie einfach nur betrachten und empfinden. Du musst aber tatsächlich nicht innerhalb deiner Angst handeln.

Die tief sitzende Angst vor dem Tod zu lösen ist ein schwieriges, aber keineswegs unmögliches Unterfangen. Zuerst musst du mit deinem ganzen Herzen die Angst akzeptieren, du darfst dich nicht gegen sie sträuben. Du musst achtsam sein und aufpassen, dass du nicht vor der Angst flüchtest. Immer wenn du in dem Zustand der Bedrohung bist, bleibe einfach mit deiner Aufmerksamkeit bei dieser Empfindung. Gebe dich dieser Empfindung bewusst hin, ohne dich damit zu identifizieren. Betrachte, wie du zitterst, betrachte das mulmige Gefühl, was in deinem ganzen Körper entsteht. Erst wenn du die Angst komplett empfunden hast, kannst du sie auch entlassen. Wenn du sie völlig entlassen kannst, wirst du im nächsten Moment in einer vollkommenen Leichtigkeit aufgehen. Hole deine Angst nicht in deine Gedankenwelt, denn dann wird sie bedrohlicher als sie wirklich ist. Wenn du Bilder in deinem Kopf kreierst, wirst du dic Angst aufrecht erhalten. Gewöhne dir einfach ab, deine Angst mit Gedanken zu koppeln und lasse sie als Energie einfach da, wo sie hingehört. So lernst du deine Angst wahrhaftig zu fühlen. Du wirst fähig sein, sie kommen und gehen zu lassen, ohne an ihr festzuhalten. Wenn du das tust, dann wird sie keine Bedrohung mehr darstellen, die dein Leben vernebelt und in ständige Dunkelheit hüllt.

Versuche dich deiner ganzen Liebe hinzugeben, wenn du Angst hast. Versuche aktiv Liebe zu spüren, denn sie wird deine Angst auflösen können. Mit Liebe kannst du jegliche Bedrohung auflösen und dich frei fühlen. Angst wird niemals existent sein, wenn du wahrhaftig liebst. Sie überstülpt dich erst, wenn du deine gegenwärtige Liebe verlierst.

Versuche zu erkennen, dass die Angst keine existenzielle Bedrohung für dich darstellt. Du kannst dein Leben nicht verlieren, weil deine Essenz im Grunde unsterblich ist. Was hast du also zu verlieren? Wovor hast du Angst? Du bist immer die pure Freiheit und eine endlose Leichtigkeit. Dieser Teil deiner Existenz kann nicht bedroht werden. Aus diesem Grund ist auch die Angst nur eine Illusion, die dir nichts Reales wegnehmen kann.

Übe dich aus der Wahrnehmung der Angst herauszukommen. Die Angst hast du dir angewöhnt, denn sie ist eine angeborene Hilflosigkeit. Erkenne, dass du nicht hilflos der Welt ausgeliefert bist. Übernehme Verantwortung für dein Leben und du wirst sehen, dass du dein Leben und deine Angst aktiv mitgestalten kannst und kein Opfer bist. Du kannst dich dem Fluss des Lebens einfach hingeben, ohne dich jemals verloren zu fühlen. Niemals kannst du in der Welt verloren sein, weil du dich selbst gar nicht verlieren kannst. In einer grenzenlosen Freiheit und Ausdehnung gibt es keinen Verlust. Wo es nichts zu verlieren gibt, da existiert auch keine Angst. Befreie dich aus der verzerrten Wahrnehmung, deine persönliche Existenz wäre bedroht. Gib dich einfach nur der Liebe hin und vertraue, dass alles gut wird. Wenn du dich hingibst, dann wirst du dich auch ausdehnen. In der Ausdehnung kannst du deine Angst minimieren.

Hast du vielleicht soziale Angst oder Angst vor deinen Mitmenschen? Hast du Angst verurteilt zu werden? Deine Mitmenschen sind nicht bedrohlich, denn du bist es selbst, der diese Bedrohung kreiert. Du projizierst deine eigene Bedrohung in die Außenwelt. Konfrontiere dich also zuerst mit deinem Inneren, bevor du versuchst deine Außenwelt aus deiner Bedrohung heraus aktiv zu gestalten und zu kontrollieren. Du hast das Gefühl bedroht zu sein, weil du dich irgendwann einmal im Leben ungeschützt gefühlt hast. Im Grunde deines Herzens bist du aber geschützt, weil dich niemand bedroht. Niemand kann deinem großen Freiheitskern etwas anhaben. Erkenne, dass die Bedrohung nicht da draußen ist, sondern in dir drin. Schaue also tief in dich hinein und löse das Gefühl deiner existenziellen Bedrohung. Wenn du dies getan hast, dann wirst du deine Angst nicht mehr in die Welt hinausschleudern und die Umstände für die Furcht verantwortlich machen.

Ich-Bild (Ego)

Dein Ich-Bild stellt die Wurzel deiner Wahrnehmung dar. Dein Ego ist der Kern, mit dem du die Welt siehst, bewertest und aufnimmst. Innerhalb deines Ich-Bildes besitzt du keine neutrale und objektive Form der Wahrnehmung. Im Grunde siehst du alles aus einem verzerrten Blickwinkel heraus. Das Ich-Bild gründet aus deiner Überzeugung, dass du ein separater und eigenständiger Teil des Universums bist. „Hier bin ich und da ist die Außenwelt", ist deine eingebrannte Lebensdevise? Du nimmst dich als Individuum wahr, welches durch eine Membran, in diesem Fall von deiner Haut und deinem Körper von der Außenwelt abgetrennt ist. Es gibt nicht nur die eine, wirkliche Welt, sondern sowohl deine Innenwelt als auch die Außenwelt. Du vermagst es oft nicht, die Dinge außerhalb dieses Bewusstseins wahrzunehmen. Wir nehmen unser getrenntes Selbst so deutlich wahr, dass eine andere Möglichkeit uns oft als Hirngespinst oder als abstrakte, Angst einflößende Idee vorkommt. Die getrennte Wahrnehmung stellt aber oft eine Verzerrung der Freiheit dar und hält dich in deinem Ich-Gefängnis gefangen. Das Gefängnis ist deine eigene, verzerrte Wahrnehmung. Diese Schale, die du um dich gelegt hast, verbietet dir, die Welt in objektiver Weise zu betrachten.

Die Prägung des Ich-Bildes basiert auf den Erfahrungen deiner Vergangenheit. Deine Geschichte und Biografie bestimmt die Sicht auf den gegenwärtigen Moment. Auch deine jetzigen Taten entspringen aus den Erfahrungen deiner Vergangenheit und sind niemals neutraler Natur. Je nachdem, wie deine Prägungen aussehen, siehst du die Umwelt immer anders. Jeder sieht seine Umwelt auf seine Weise. Durch eine Übereinkunft und soziale Interaktionen gibt es unter den Menschen eine Möglichkeit der Kommunikation und des Austausches. Obwohl jeder für sich selbst etwas anderes wahrnimmt, können wir uns doch auf eine gewisse Art und Weise mit den Mitmenschen verbinden und austauschen.

Im Ich-Bild sind auch die Urteile und Bilder über unsere eigene Person verankert. Diese bestimmen maßgeblich, wie wir uns selbst wahrnehmen. Sie bestimmen darüber, ob du dich glücklich, minderwertig, gefangen oder frei fühlst. Sie beeinflussen dich, ob du dich als Mensch wertschätzt und ablehnst.

Wenn du ein positives Ich-Bild besitzt, dann wird dir die ganze Außenwelt ebenfalls lebenswert und förderlich vorkommen. Wenn du dir selbst vertraust, dann wirst du die Welt ebenfalls als einen vertrauensseligen Planeten sehen. Sind die Prägungen deines Egos ohne starke Konflikte mit der Welt vereinbar, dann wirst du niemals das Gefühl haben, ein gesellschaftlicher Außenseiter zu sein, selbst wenn du völlig gegen den Strom agierst.

Es kommt ganz auf deine Wahrnehmung über dich selbst an, ob du dich als entfremdet oder integriert wahrnimmst. Wenn du keine Konflikte zwischen der Innen- und Außenwahrnehmung erkennst, dann wirst du dich in einem förderlichen Austausch mit den Menschen befinden. Ist dein Selbstbild jedoch geprägt von negativen Spannungen, so wirst du auch deine Umwelt als etwas Negatives wahrnehmen. Der Planet wird dir trist und nicht lebenswert erscheinen, nur weil du dich selbst als nicht lebenswert siehst. Dann leidest du an deiner Existenz, da du sie nicht mit dem Rest der Welt vereinbar siehst. An dein Selbstbild sind auch maßgeblich deine Taten geknüpft. Deine Taten resultieren immer aus dem inneren Bild, welches du dir kreiert hast. Du projizierst deine Wahrnehmung fast ununterbrochen auf die Welt. Ist diese Wahrnehmung frei? Erlaubt dir die Wahrnehmung, die Welt in Freiheit zu betrachten? Du erkennst, dass du niemals außerhalb von dir agieren kannst und daher auch niemals vollständige Freiheit erfährst.

Du bestimmt deine Dinge selbst. Es gibt keine objektiven Urteile, ob die Welt ein schlechter oder ein guter Planet ist. Alles kommt aus dir selbst heraus und bedingt deiner Interpretation, die du über die Welt legst. Wenn du dich für schlecht hältst, dann wird deine Welt nach diesem Ich-Bild von dir funktionieren. Selbst wenn du ein rationaler und vernunftbegabter Mensch bist, wirst du die Welt dennoch nach deinen Prägungen filtern. Du hast also niemals eine objektive Sicht auf die Welt.

Wenn du in einem egozentrischen Ich-Bild gefangen bist, dann wirst du in der Welt immer um dein Ego kämpfen. Wenn dein Ich-Bild dagegen geprägt ist von einer universell-globalen Wahrnehmung, dann wird dir die Welt auch so entgegentreten.

Sei dir diesen Prozessen im Klaren und versuche dein Bewusstsein zu reflektieren. Was sagt mein Ego mir über die Welt? Wie betrachte ich meine Welt? Kann es sein, dass die Außenwelt nur ein Spiegelbild meiner selbst ist und in der objektiven Form gar nicht existiert? Wie werde ich möglichst ein objektiver Teil dieser Welt?

Erkenne deine große Freiheit. Du kannst nicht an einer Außenwelt scheitern, da du sie selbst kreierst. Verändere deine innere Wahrnehmung und alles wird sich in der Welt reflektieren. Fülle deine Wahrnehmung mit Liebe und Freiheit und die Welt wird ein Ort darstellen, wo du widerstandslos deine Liebe und Freiheit leben kannst.

Um einen Schritt weiter zu gehen und zum objektiven Betrachter der Welt zu werden, musst du über deine individuelle Existenz hinausschauen. In Wirklichkeit ist die Trennung von der Welt eine angelernte Täuschung. Du bist und warst niemals ein isoliertes Individuum.

Warum nehme ich mich getrennt wahr? Welchen Zweck hat es, dass ich mit einer unsichtbaren Membran von der Außenwelt getrennt bin? Im Grunde ist deine Trennung ein existenzieller Schutz. Du glaubst, dass du dein Ego brauchst, um zu überleben und nicht mehr bedroht zu sein. Die Trennung gibt dir eine Sicherheit, die du innerhalb von dir selbst suchst. In Wahrheit bietet dir diese Isolation aber keinen echten Schutz. Dein Ego hält dich vielmehr gefangen. Es trennt dich vor der wahren Entzückung, die nur erlebt werden kann, wenn ich mich komplett mit der Welt verbinde.

Wenn du in gewissen Momenten außerhalb deines eingekesselten Weltbildes blickst. Wenn du eine mystische und transpersonale Erfahrung hast, dann wirst du merken, dass dies der intensivste und wahrhaftigste Zustand ist, den man im irdischen Leben erleben kann.

In den hohen spirituellen Zuständen wird der Einheitszustand wahrhaftiger, als die Trennung. Du wirst auch feststellen, dass der vermeintliche Schutz deines Egos keine wirkliche Sicherheit darstellt. Vielmehr merkst du, dass du außerhalb deines Ich-Bildes noch viel geschützter bist. Du wirst dich nicht mehr bedroht fühlen, weil dich dann niemand bedrohen kann. Du bist in diesem Moment alles. Wenn du alles bist, kannst du nicht mehr von etwas bedroht werden. Wie kann dich auch etwas bedrohen, was du selbst bist?

Sei achtsam und übe Meditation. Du wirst dich dann zunehmend aus einem anderen Blickwinkel betrachten können. Du wirst dich selbst als Teil einer wundervollen Existenz betrachten, ohne dich als separates, einsames Wesen zu erfahren. Dies ist keine Theorie, sondern schlichtweg der Urgrund der Spiritualität. Schaue aus dir heraus und die Welt wird ein Ort der Freiheit werden. Innerhalb von deinem Ich-Bild kann es dagegen keine wirkliche Freiheit geben. Du wirst dich immer auf etwas beschränken müssen. Du wirst immer nur ein unverwirklichter Teil deiner großen, weiten Existenz bleiben.

Die Selbstwahrnehmung und das Bewusstsein der Menschen sind in einem stetigen Wandel. Auch du bist in jeder Sekunde deines Lebens in einem Wandel. Vielleicht hast du schon irgendwann mal aufmerksam Veränderungen deines Ich-Bildes wahrgenommen. Vielleicht als sich elementare Werte und Vorstellungen über dich selbst gewandelt haben oder du eine plötzliche Erkenntnis hattest? Du hattest immer das Gefühl, neu geboren zu werden. Du hattest die Empfindung, einen neuen Stern in dir zu gebären. Solche Erfahrungen wirst du im Leben oft haben, wenn du dein Leben bewusst wahrnimmst. Wenn du achtsam bist, dann wird sich in dir ein Teil ausbilden, der die Welt direkt und ohne Umschweife erkennen wird. Diese Erkenntnis wird fernab von deiner kleinen Wahrnehmung geschehen. Du wirst nicht mehr alles durch deine Vorprägungen verzerren, sondern die elementare Freiheit deiner Existenz erkennen.

Durch Bewusstheit wirst du deine Freiheit leben können. Wenn du durch stetiges Üben einsiehst, dass du nicht von der Welt getrennt bist, dann wirst du auch für die ganze Welt Verantwortung übernehmen. Deine Eigenverantwortung wird dann gleichermaßen die Verantwortung für die Welt sein. Es wird nichts in der Welt sein, was dich bindet oder dir Schuld macht. Du wirst eine interpersonelle Verantwortung übernehmen, die du mit freiem Gewissen annehmen kannst. Es wird für dich keine müßige Pflicht darstellen. Du wirst es einfach in aller Leichtigkeit tun, ohne es auch nur einen Augenblick zu hinterfragen.

Wenn ich zunehmend eine objektive Wahrnehmung für die Welt erhalte, kann ich dann mein Leben noch im Griff haben? Werde ich nicht wahnsinnig vor lauter Ausdehnung? Diese Frage stellt sich gar nicht. Auch außerhalb deiner persönlichen Wahrnehmung, fernab deines Vakuums, kannst du deine existenziellen Bedürfnisse problemlos erfüllen. Sie werden sich gar entzückender und intensiver anfühlen, als jemals zuvor in deinem Leben.

Wenn du meditierst und längere Zeit in einem meditativen Zustand verweilst, dann wirst du langsam aber deutlich spürbar in eine andere Art der Wahrnehmung eintauchen. Wenn du dir jedem Moment ständig bewusst werden kannst, dann wird sich dein Bewusstsein weiten. Du wirst eins mit dir und der Welt. Diese Einheit wird heilender Natur sein. Sei dir aller Prozesse im Leben bewusst, laufe nicht blindlings durch das Leben. Wenn du konstant an dir arbeitest, dann werden sich deine egoistischen Züge auflösen. Deine Einheit wird dann das Selbstverständlichste sein, was es gibt.

Um dein Selbstbild aufzulösen, um die grenzenlose Freiheit dahinter zu empfinden, musst du erst einmal ein stabiles und positives Selbstbild entwickeln. Ein brüchiges und minderwertiges Eigenbild wird dich immer mit beiden Beinen in einer Welt voller egoistischer Machtkämpfe halten. Du solltest also auch an persönlicher Ebene an dir arbeiten. Sehe ein, dass du bereits eine vollkommene Existenz besitzt. Werde frei und versuche ein gutes Selbstwertgefühl aufzubauen. Sehe ein, dass du bereits ein vollkommener Mensch bist, dem es an nichts fehlt. Wenn du dich selbst liebst, dann wirst du ein gesundes Ego aufbauen können. Erst ein gesundes Ego ist ein integriertes Ego. Je gesünder dein Ego sein wird, desto einfacher wird es sein, dieses Ego wieder loszulassen. Du wirst deinen Mitmenschen außerdem bedingungslos deine Liebe geben können, ohne das Gefühl zu haben, im Leben zu kurz zu kommen. Ein kastriertes Ego wird dich dagegen weiterhin an schmerzhafte Erfahrungen binden. Heilung erfolgt daher zunächst immer auf der irdischen Ego-Ebene.

Dein Ich-Bild ist die Ursache deines Unglücks. Allen voran dein negatives und angelerntes Ich-Bild hält dich davon ab, ein freies und glückliches Leben zu führen. Fülle deine Person mit Liebe und positiven Gefühlen und es wird dir wesentlich leichter fallen, dich außerhalb deiner beengten Membran zu bewegen. Ein positives Grundgefühl ist eine elementare Grundvoraussetzung, um sich der ganzheitlichen Existenz zu öffnen. Glaube jedoch nicht, dass du dafür perfekt sein musst. Unterlasse vielmehr idealistischen Perfektionismus an deiner Person und akzeptiere dich im Hier und Jetzt. Akzeptanz ist der erste und entscheidende Schritt auf deinem Bewusstseinswandel.

Die Zeit und dein Leben in der Gegenwart

Wenn du dich bereits mit Meditation oder östlicher Weisheit beschäftigt hast, bist du dir vielleicht schon dem hohen Stellenwert der Gegenwart bewusst geworden. Woher rührt die Kraft des Augenblickes und wofür gibt es dann überhaupt Vergangenheit und Zukunft?

Die Zeitvorstellung, die du für gewöhnlich annimmst, ist eine gedankliche Illusion. Sie erscheint dir nur so real, weil du große Teile deines Lebens in der Vergangenheit oder in der Zukunft verbringst. Im Augenblick würde die Zeit dagegen keine Rolle mehr spielen. Besinne dich auf diesen Moment! Spürst du noch die Anwesenheit deiner Vergangenheit? Du kannst Zeit nicht greifen und nicht spüren. Zeit ist relativ und hängt von deiner Bewusstseinshaltung ab. In jedem Bewusstsein spielt Zeit eine völlig andere Rolle.

In deiner gesellschaftlichen Verpflichtung hast du Termine einzuhalten und musst pünktlich sein. Die Existenz der Zeit wird als selbstverständlich angenommen. Dies heißt jedoch nicht, dass es diese Zeit tatsächlich gibt. Es ist vielmehr eine soziale Übereinkunft, die es dir ermöglicht, im erfolgreichen gesellschaftlichen Austausch zu stehen. Du musst Zeit aber nicht einfach abschaffen, um sie als irrelevant zu enttarnen. Du musst sie weder negieren, noch als letzte Wahrheit akzeptieren. Es reicht völlig, sie einfach zu akzeptieren, ohne sich von ihr geißeln zu lassen. Du musst nicht der Sklave deiner zukünftigen Sorgen sein oder das Opfer deiner tragischen Vergangenheit.

Spüre in dich hinein: Ist Zeit für dich greifbar? Du glaubst, dass es eine Vergangenheit gibt, weil du dich mit ihr identifizierst. Du glaubst an die Existenz einer zeitlichen Struktur, weil du immer älter wirst. Tatsächlich kannst du aber deine Vergangenheit nicht wirklich wahrnehmen. Sie existiert im Augenblick gar nicht, du hast ganz allein nur ein paar schwammige Abbilder von ihr. Diese Abbilder werden immer im jetzigen Augenblick erstellt. Selbst wenn du über Zeit nachdenkst, dann tust du es immer in diesem Moment. Wenn du planst oder dich in die Zukunft denkst: Alles geschieht Jetzt! Du kannst also unbesorgt erkennen, dass du stets aus der Gegenwart heraus handelst. Es gibt gar keine andere Wahrnehmung, als die der Gegenwart.

Die Gegenwart ist die alleinig existierende Wirklichkeit, denn auch die blasse Vergangenheit war einst nur die klare Gegenwart. Aus diesem Grunde ist es nicht möglich, deine Identität aus deiner Vergangenheit festzumachen. Es ist auch nicht möglich, die komplette Freude deiner Existenz aus den Werken deiner Vergangenheit zu schöpfen. Jegliche Erfüllung, jegliche tiefe Freude ist immer ein Produkt des gegenwärtigen Moments. Stelle also den Kontakt zu diesem Moment her! Tue alles aus dem jetzt heraus! Je mehr du das lernst, desto freudiger und freier wird deine Existenz strahlen.

Gegenwart ist gleichbedeutend mit purer Freiheit. Im jetzigen Augenblick wirst du niemals an den Taten deiner Vergangenheit leiden. Im jetzigen Augenblick wirst du auch nicht rastlos der Zukunft nachlaufen. Wenn dich deine Geschichte in deiner Person gefangen hält, dann lasse das ganze los und widme dich der Gegenwart. Erkenne, dass du deinen Wert nicht vom Vergangenen abhängig machen musst, sondern in jedem Augenblick deines Lebens neu geboren wirst.

Wie kannst du deine Vergangenheit einfach loslassen, wie kehrt man in den Augenblick ein? Schließe mit deiner Vergangenheit ab, ohne sie zu verdrängen, zu verleugnen und ohne sie zum Maß aller Dinge zu küren. Akzeptiere deine Geschichte, vergebe dir und deinen Mitmenschen. So entlässt du angestaute Energien, die dich an die Vergangenheit binden. Fange an, die angesammelten Dinge deiner Vergangenheit zu entrümpeln, du wirst dich frisch und sauber fühlen und eine ungemeine Energie in dir zentrieren können. Je leerer du von den Bildern aus alten Zeiten wirst, desto mehr Raum wirst du haben, dich für die wundervolle Gegenwart zu entscheiden.

Der Augenblick und das Verweilen im Hier-und-Jetzt muss jedes mal aufs Neue geschult werden. Du musst dem Moment in jeder Sekunde deines Lebens neue Wahrheit und Realität verleihen. Dies funktioniert am besten mit stetiger Achtsamkeit. Achtsamkeit in jedem Moment ist das Mittel, jede Menge entzückender Augenblicke zu erleben. Es werden immer mehr Momente folgen, die in sich vollkommen sind. Momente, die keiner Vergangenheit, keiner Zukunft gebrauchen und jeglichem Zweifel und Leid trotzen. In der Gegenwart gibt es keine wiederkehrenden Probleme.

Wenn du bereit bist, den Augenblick in seiner Vollkommenheit anzunehmen, dann wirst du niemals an etwas leiden. Du wirst nicht leiden, weil du dich nicht in deinen Gedanken verlaufen wirst. Du wirst die Welt so wahrnehmen, wie sie ist, leicht und klar. Nur in der unmittelbaren Gegenwart besitzt du die Fähigkeit, den Lauf der Dinge zu akzeptieren und sich frei zu fühlen. Alles wird sich voller Reinheit anfühlen, fernab jeglichen Schmutzes deiner illusionären Gedanken.

Erwache in diesem Augenblick. Gibt es in diesem Augenblick noch irgendwelche Probleme, die dich belasten? Probleme werden erst von deinen Gedanken erzeugt und die Gedanken sind bereits eine Trennung vom Augenblick. Nehme nur das wahr, was in diesem Moment da ist. Ganz einfach. Übe immer wieder das Zurückkehren zum Augenblick. Egal, wie oft du dich in der Vergangenheit wieder verheddersst, kehre sanft und voller Achtsamkeit in den Moment zurück.

Du brauchst in diesem Fall deine Hoffnung und Freude auch nicht auf die Zukunft zu richten. Die Zukunft wird mit einem unachtsamen Geist und dem alten Bewusstsein stets erfüllend bleiben. Fange an, deine Gegenwart zu leben und es werden tiefgreifende Prozesse in dir stattfinden.

Wahre Energie und die damit verbundene Freude kann sich nur in der Gegenwart entfalten. Nur jetzt, in diesem Augenblick, bist du wirklich frei. Nur hier und jetzt bist du nicht verzettelt mit dem Müllhaufen deiner Vergangenheit. In der Vergangenheit wartet dagegen nur ein süffiger Fluss an Blockaden und schlechten Erinnerungen. Der jetzige Augenblick ist wahrhaftige Entspannung. Du wirst immer nur soviel wahrnehmen, wie du brauchst, ohne von zu vielen Reizen übermannt zu werden. Auch der Stress wird sich auflösen, weil du immer im Moment präsent sein wirst. In der wachen Geisteshaltung kannst du dein Leben auf völlig neue Weise erleben. Du wirst nichts anderes mehr haben, als unzählige, einzigartige Momente.

Kollektivenergien

Die Gesellschaft ist durchtränkt von einem Trott der Unachtsamkeit. Die einzelnen Menschen, die sich in diesem Trott befinden, bilden eine kollektive Energie, die jeden von uns rückwirkend beeinflusst. Als einzelner Mensch ist es kaum möglich, sich dieser kollektiven Energieblase zu entziehen. Werte, Vorstellungen und Dynamiken spiegeln sich in dieser Energie wieder. Wir werden von dieser stets unbewusst beeinflusst und folgen grundsätzlich einem bestimmten Ablauf, ohne zu hinterfragen, ob sich das ganze für uns richtig oder falsch anfühlt.

Wenn viele von uns den Wert seiner Person von der Arbeit abhängig machen, die sie vollziehen, dann wird es für einzelne Menschen schwer sein, den Wert nicht davon abhängig zu machen. Obwohl diese kollektiven Energien selbst gewählt sind, leiden viele an der Unfreiheit, die jenes System mit sich zieht: Psychische Krankheiten, Burn-out Syndrome und Ängste sind die Folgen dieser Unfreiheit. Selbstverwirklichung ist kaum möglich. Stattdessen erhältst du nur Wert, wenn du dich herrschaftsstützend in der Wiege der Gesellschaft suhlst und dich völlig anpasst. Du kannst nur innerhalb eines engen Rahmens agieren und es wird dir kaum möglich sein, über diesen Rahmen zu schauen.

Die meisten Menschen befinden sich in einem tiefen Schlaf, einem unbewussten Wachkoma. Sie folgen unbewussten Werten oder Absichten, ohne die Bewusstheit zu besitzen, sich daraus zu befreien. Es ist ein Energiestrom, dem wir alle folgen müssen. Selbst wenn du dich für einen

Aussteiger hältst, bist du immer noch an die Gesellschaft gefesselt, denn erst diese hat dich überhaupt in die Rolle eines Aussteigers gepackt,

Du kannst versuchen aus dieser kollektiven Unbewusstheit herauszutreten. Wenn du bewusst bist, dann wirst du Menschen in deinem Umfeld ebenfalls positiv beeinflussen. Du wirst ihnen helfen, aus dem unbewussten Koma zu erwachen. Durch Bewusstheit erhältst du zunehmend einen klaren Blick auf das System und schließt einen tiefen mit deiner innewohnenden Intuition.

Die ganze Dynamik der Gesellschaft wird als selbstverständlich betrachtet. Dies ist normal, da viele es gar nicht anders kennen. Die kollektive Energie zieht uns in einen Sog der zwanghaften Anpassung.

Werde dir den gesellschaftlichen Mechanismen bewusst. Versuche mit ganzem Herzen deine eigene Wahrheit zu verkörpern. Du musst dich dafür nicht hassend von der Gesellschaft zurückziehen. Der Prozess deiner freiheitlichen Emanzipation ist leise und geschieht ausschließlich in deinem Inneren. Diese Emanzipation wird dir eine universelle Sicht auf die Welt bescheren: Du wirst in der Lage sein, aus dir selbst heraus zu entscheiden. Du wirst frei sein und Integrität verkörpern. Versuche deine Intuition anzuwenden, erkenne, was deine innere Freiheit ist, und lebe nicht nur nach dem demokratischen Konzept von Freiheit. Die Freiheit in der Gesellschaft ist in vielerlei Hinsicht schiere Unfreiheit. Sie resultiert aus einem unfreien Bewusstsein.

Die allgegenwärtige Kollektivenergie gießt dich in Formen, in Rollen und Merkmale. Sie lässt dich nicht einfach nur das Sein an sich verkörpern. Lasse dich nicht instrumentalisieren, bewahre deinen Anmut und deine Liebe. Lasse dich nicht in deiner Wahrheit manipulieren. Es gibt sie nicht außerhalb von dir. Entdecke deinen eigenen, inneren Wahrheitskern.

Der kollektive Trott sagt dir, dass du ein Niemand bist, wenn du etwas nicht erfüllst. Die kollektive Energie macht deinen Wert davon abhängig, ob du einen renommierten Job hast. Ist das wahr? Ist dein Wert tatsächlich von diesen Maßstaben abhängig? Sind diese Wertmaßstäbe nicht selbst ein Produkt von Minderwertigkeitsgefühlen? Du musst dir der tiefen Eingriffe in deine Person bewusst werden, die dich Tag für Tag aufs Neue beeinflussen. Du musst sehen, dass du ständig in einen Bann gezogen wirst, der eigentlich nichts mit deiner wahren Person zu tun hat.

In der kollektiven Blase identifizieren sich die Menschen mit ihrer Haben-Seite. Was ist die Haben-Seite? Im Kollektiv sind Energien entstanden, die besagten, dass wir nur etwas sind, wenn wir etwas haben. Status, Haus, Gruppe, soziale Anerkennung, Bildung, etc. Diese Dinge bringen dir Anerkennung. Du wirst jedoch nicht im Geringsten in deinem Sein anerkannt. Das Grundgerüst der Gesellschaft ist auf diesem Denkrahmen aufgebaut. Im puren Sein bist du wertlos. Dies ist aber eine Illusion. Erst im Sein bist du Freiheit, Liebe und Raum. Liebe deshalb konsequenterweise das, was du bist und nicht das, was du hast.

Der Gesellschaft einfach den Rücken zu kehren nützt wenig. Forme sie bevorzugt aus deiner inneren Freiheit heraus. Erst dann wirst du echte Freiheit in der Gesellschaft entfalten können. Lasse dich nicht in einen automatisierten und leblosen Trott fallen. Sei das Leben und übernehme Verantwortung für dich. Deine Eigenverantwortung wird gleichzeitig die Verantwortung für die Welt sein. Tue nicht einfach Dinge, weil sie üblich sind. Entscheide aus deinem Herzen, aus deiner innigen Freiheit. Du wirst mit dieser Haltung keinen Schaden erzeugen, sondern vielmehr für die Freiheit und das Erwachen beitragen.

Wenn du Verantwortung für dich selbst übernimmst, dann wirst du nicht einfach die vorgegebenen Wahrheiten erkennen. Du wirst vielmehr die ewigen und universellen Wahrheiten in dir fühlen. Flüchte dich nicht ins Kollektiv, um dich sicher zu fühlen. Sei dein eigenes Licht und fühle dich aus dieser strahlenden Helligkeit heraus sicher. Du wirst über dem kollektiven Trott der Gesellschaft stehen: Nicht, weil du mehr Macht besitzt oder etwas besseres bist, sondern weil du Bewusstheit hast. Du wirst auch nicht eingebildet sein oder auf andere Menschen hinabschauen. Deine neu gewonnene Freiheit wirst du voller Integrität an die Menschen weitergeben können. Es wird die Einheit deiner Liebe und Weisheit sein, mit der du dich selbst und deine Mitmenschen erfüllst.

Meide die Gesellschaft nicht. Fliehe nicht vor ihr, auch wenn dir alles sinnlos erscheint. Beeinflusse den verstaubten Trott mit deiner Liebe und Freiheit. Du wirst die Veränderungen spüren. Die Menschen werden sehen, dass du mit einer Freiheit bestückt bist, die weit über philosophische Konzepte von Freiheit reichen. Sie werden sich von deiner Person inspiriert fühlen und ebenfalls zur Freiheit erwachen. Ziehe dich nicht in deinem Schneckenhaus zurück, dehne dich aus und ergieße dich mit deiner Freiheit über deine Mitmenschen.

Mit deiner Freiheit wird auch die Liebe in dir entstehen, mit der du die Menschen positiv inspirieren kannst. Du wirst nicht manipulierend sein, sondern schlicht die heilende Kraft deiner Liebe verkörpern. Du glaubst als einzelner Mensch nicht viel tun zu können? Du irrst dich, da du in jeglicher Sekunde deines Lebens Energien in die Welt aussendest. Wenn du bewusst durchs Leben schreitest, dann wirst du völlig automatisch einen positiven Einfluss haben.

Die Menschheit befindet sich in einem stetigen Bewusstseinswandel. Es ist ein positiver Bewusstseinswandel, der sich in der fortschreitenden Evolution manifestieren wird. Die Menschen sind immer mehr in der Lage, tiefe Spiritualität in sich zu vereinen. Trage etwas zu der Entwicklung deiner Lebenswelt bei. Sei ein Vorbild mit deiner unerschütterlichen Bewusstheit und Liebe. Sei ein Vorbild, in dem du zeigst, dass jeder Mensch die Chance besitzt, ein glückliches und höchst spirituelles Leben zu führen. Sei ein Vorbild mit deiner ausgedehnten Freiheit und die Menschen in deinem Umfeld werden sich von dir inspirieren lassen.

Wachsamkeit und Bewusstheit

Bewusstheit ist das Elixier deines Lebens. Bewusstheit sollte immer mit dir sein, egal wo du dich gerade befindest. Wenn du dir deiner Gedanken, Gefühle und Emotionen bewusst bist, dann strahlt deine Existenz eine unglaubliche Freiheit aus. In diesem Buch wird oft das Wort

Achtsamkeit verwendet. Dies sind zwei Worte für den gleichen Sachverhalt. Achtsamkeit ist einfach nur die praktizierte, aktive Form der Bewusstheit.

Warum bist du Frei, wenn du bewusst bist? Im bewussten Zustand kann dir nichts entgehen. Nichts kann sich in deinem Unterbewusstsein einnisten und dich von dort aus beeinflussen. Du bist jederzeit präsent. Du kannst jederzeit die Verantwortung übernehmen, weil dich während deiner klaren Bewusstheit nichts mehr fremdbestimmen kann.

Wahre Verbundenheit funktioniert immer nur bewusst. Erst als bewusster Mensch wirst du Raum besitzen, dich mit den Menschen zu verbinden. Erst dann wirst du erkennen, dass du eine nicht zu trennende Einheit mit der Welt darstellst. Je bewusster du bist, desto weniger können sich Anteile von dir in deinem Unterbewussten verstecken. Sie werden an die Oberfläche gelangen, wo du sie problemlos integrieren kannst. Alles wird ein Reinigungsprozess für deine verstaubte Persönlichkeit. Der Einfluss der Vergangenheit wird immer mehr an Macht verlieren, sodass du in jedem Augenblick deines Lebens klar und eigenständig entscheiden kannst.

Sei achtsam mit den Dingen in deiner Umwelt. Betrachte deine eigenen Prozesse und Entwicklungen mit voller Aufmerksamkeit. Dies bedeutet, dass du grundsätzlich alles wahrnimmst. Das Gute sowie das Schlechte. In deiner klaren Bewusstheit wirst du das Gute, wie das Schlechte annehmen können. Gerade die Prozesse, die dir Schmerzen zufügen, sollten bewusst wahrgenommen werden. Aus diesen Prozessen kannst du wachsen, in dem du Verantwortung für sie übernimmst.

Hole deshalb alles in dein unmittelbares Bewusstsein und du wirst frei von altem Ballast. Bewusst wirst du in er Lage sein, die Welt auf völlig neue Weise zu erleben.

Weißt du, was die beste Medizin für alte Wunden ist? Nicht Vergessenheit – sondern Bewusstheit. Deine Bewusstheit ist eine Salbe, die deine Wunden nach oben holt und heilt. Sie wird dich stets in deinen Grundfesten erneuern. Auch deine persönliche Weiterentwicklung erfolgt durch Bewusstheit. Je mehr du mit einer klaren Geisteshaltung durch die Welt schreitest, desto mehr spirituelle Einsichten werden sich dir erschließen.

Nur durch das bewusste Gewahrsein ist Entwicklung möglich und Stillstand aufgehoben: Wenn du etwas bewusst wahrnimmst, dann kann es sich auflösen. Wenn du dich selbst bewusst wahrnimmst, dann wirst du klarer, intuitiver und präsenter mit dem Leben umgehen.

Dein unmittelbares Gewahrsein sollte immer neutraler Natur sein. Es gibt nämlich keine wertende Bewusstheit. Wenn es wertend ist, dann ist es keine wirkliche Bewusstheit. Bewusstheit ist einfach nur da, völlig unpersönlich und doch voller Klarheit.

Bewusstheit wird dein Leben intensiver machen, weil du fähig sein wirst, die Dinge in ihrer Vollkommenheit wahrzunehmen. Vernebelte Schleier werden von deinen Sinnen weichen und du kannst die wahre Schönheit deines Lebens erfahren. Nichts wird mehr unter dem Einfluss deiner Gedankenwelten stehen, deiner unzähligen Wertungen und Meinungen. Alles wird so klar, frisch und strömend wie ein sauberer Bach. In deiner Bewusstheit wirst du nicht mehr durch deine unbewussten Abgründe bestimmt, weil sich alles im Hier und Jetzt abspielen wird. Jede bewusste Entscheidung wird sich daher anfühlen, wie deine eigene Entscheidung. Es wird kein bereuen mehr geben, weil du sehen wirst, dass du aus deinem klarsten Bewusstsein gehandelt hast. Nichts wird dir entfliehen, nichts kann verneint werden. Alles wird einfach nur da sein.

Wie erreiche ich diese Bewusstheit? Übe dich stets in der Meditation, sei achtsam und dein trüber Geist wird sich langsam in kristallklarer Reinheit wiegen. Bewahre die Bewusstheit in allen erdenklichen Lebensbereichen. Dies dauert einige Zeit. Irgendwann wirst du deine Bewusstheit selbst im Schlaf nicht verlieren. Bewusstheit bedeutet nicht, dass du unter einem Kontrollzwang leiden wirst. Vielmehr lernst du das Loslassen, in dem du dich einer unglaubliche klaren Form der Wahrnehmung hingibst.

Wahrnehmung und Realität

Entspricht meine Wahrnehmung der objektiven Realität oder nehme ich die Umwelt und mich selbst rein subjektiv wahr? Innerhalb deines Ich-Bewusstseins wirst du niemals einen klaren Blick auf die Realität haben, da du sie immer nach deinen Merkmalen und Prägungen filtern wirst. Auf deiner subjektiven Ebene sind nur die Schatten und Abbilder der Wirklichkeit zu erkennen. Deine Wahrnehmung ist bestückt durch einen Filter, der dir eine vollständige Einsicht in die Dinge verwehrt. Deine Realität ist austauschbar: Wenn du in dir zufrieden bist, dann wird dir die Realität auch als ein Ort der Zufriedenheit entgegentreten. Wenn du in dir selbst Konflikte hast, dann ist die komplette Realität ein zerrissener Planet voller Unsicherheiten und Gefahren.

Wo befindet sich also die Wirklichkeit? Die objektive Wirklichkeit existiert außerhalb deiner persönlichen Wahrnehmung. Eine ganzheitliche Sicht der Wirklichkeit kann erst wahrgenommen werden, wenn du selbst zu einer Ganzheit geworden bist. Diese Ganzheit bedeutet, dass du und die Welt eine einzige, nicht trennbare Einheit werdet.

Tatsächlich existiert eine Wahrnehmungsform, die völlig neutral und rein ist. Weisheitslehrer nennen diese Form der Wahrnehmung das Zeugenbewusstsein. Der Zeuge ist nicht von deiner persönlichen Sichtweise beeinflusst. Im Zeugenzustand beobachtest du einfach nur fließend dein Dasein. Du bezeugst dein Leben, du bist bloß der Aufnahmeapparat für dein Handeln und Tun.

Innerhalb deines Ich-Bildes gibt es jedoch ausschließlich persönlich gefärbte Wahrnehmungen der Welt. Sie können positiv oder negativ sein, sie sind jedoch immer gefärbt von deiner Person. Außerhalb von dir existiert hingegen eine universelle Wahrnehmung. Du kannst ein Empfänger dieser universellen Wahrnehmung werden, wenn du innerlich dafür bereit bist. Diese Wahrnehmung wird ein All-Sehendes Auge darstellen, welches dich voller Unschuld einfach nur betrachtet: ohne Wertung, ohne Meinung und ohne Färbung. Diese Art der Wahrnehmung ist sehr leicht und mühelos. Sie geschieht einfach ohne dein aktives mitwirken.

Du glaubst oft, dass deine Meinungen und Einsichten eine universelle Wahrheit darstellen. Du denkst womöglich auch, dass wissenschaftliche Erkenntnisse objektiv sind. Dem ist nicht so, denn auch wissenschaftliche Gesetze folgen der Logik des jeweiligen Bewusstseins. Wenn dein persönliches Bewusstsein keine feinstofflichen Ebenen wahrnehmen kann, so werden diese in Gesetzen auch keine Rolle spielen. Jegliche Wahrnehmung aus dem persönlichen Ich-Bild ist daher relativ. Aus der persönlichen Wahrnehmung ist es deshalb unmöglich auf allgemeine Gesetze zu schließen. Wahrheiten und Gesetze gibt es nur in deiner subjektiven Wahrnehmung. Wahrheit gibt es nur, wenn dein Ich noch Unterschiede zwischen Sachverhalten macht. Jenseits deines Egos gibt es dagegen nur Sein und keine Unterscheidung zwischen Wahrheit und Un-wahrheit.

Versuche dir deiner subjektiven Wahrnehmungsform bewusst zu werden, denn damit nimmst du ihr die Macht. Das heißt nicht, dass du nun geistig verwirrt durch die Welt laufen wirst. Er-kenne die beliebige Wandelbarkeit deiner persönlichen Wahrnehmung. Halte sie nicht für die feststehende Realität. Du kannst dir der Relativität deiner Wahrnehmung bewusst werden, in-dem du beispielsweise Furcht oder Verzweiflung in dir fühlst. Frage dich immer: Ist die Ver-zweiflung, die ich wahrnehme, tatsächlich objektiv gegeben? Oder ist sie etwas, was aus mei-nem verzerrten Bewusstsein entspringt?

Du wirst sehen, dass deine Emotionen, Ängste und Befürchtungen nicht die absolute Wahrheit verkörpern. Sie werden dich wieder verlassen, wenn du in eine andere Qualität der Wahrneh-mung gelangst. Verzweifle also nicht, sondern entziehe deinem Leiden einfach den Boden unter den Füßen. Deine Wahrnehmung versucht dich oft an deine Leiden anzuketten, damit du dich mit diesen identifizierst. Aus diesem Grund schaffst du es nicht, deine Prozesse einfach nur fließen zu lassen. Folglich beginnst du, an ihnen kleben zu bleiben. Sage dir in diesem Fall schlicht und ergreifend:

Ich fühle meinen Schmerz, aber ich bin nicht mein Schmerz. Ich fühle meine Angst, aber ich bin nicht meine Angst. Ich fühle meine Eifersucht, aber ich bin nicht meine Eifersucht.

Erkenne, dass deine Ängste und Befürchtungen nicht die Wahrheit darstellen, auch wenn es sich für dich so anfühlt. Nur weil du sie innerhalb deiner Wahrnehmung spürst, bedeutet es nicht, dass sie auch tatsächlich da ist. Erwecke die bezeugende Bewusstseinsform in dir. In dieser Wahrnehmung wirst du dich nicht mehr mit deinen Leiden identifizieren – du wirst sie bloß betrachten, einfach hinnehmen und wieder weiterfließen lassen.

Was bedeutet es nun genau, die subjektive Perspektive zu verlassen, die mich an mein Leiden bindet? Was wird dann passieren? Wenn du Achtsamkeit übst, dann werden sich für dich automatisch Tore einer neuen Wahrnehmung öffnen. Diese Art der Wahrnehmung wird objek-tiver Natur sein. Sie wird nicht durch Werte, Affekte oder Gedanken gefärbt, sondern pur und unschuldig in sich schlüssig sein. Wenn du dich in Achtsamkeit schulst, wirst du irgendwann in die Zeugenwahrnehmung eintauchen. Du wirst dort der leichte und selige Betrachter deiner Person sein. Du wirst der unbewegte Beweger, der die Fähigkeit besitzt, stets loslassen zu können.

Selbstakzeptanz und das bedingungslose Annehmen

Die völlige Akzeptanz deiner Person ist ein elementarer Schritt in deiner persönlichen Entwicklung. Du wirst innerhalb deiner Selbstkonfrontation nicht umhin kommen, dich zu akzeptieren und damit deine unaufgelösten Prozesse zu integrieren. Selbstakzeptanz bedeutet nicht nur, dass du deine Merkmale, deine Vergangenheit und Emotionen annimmst, sondern dein komplettes Schicksal. Alles, was dir im Leben widerfährt, musst du annehmen. Durch diese Art der Akzeptanz kannst du dich deiner Blockaden entledigen und weitergehen.

Um dich selbst zu akzeptieren, musst du zuallererst völlige Verantwortung für dich selbst übernehmen. Du musst einsehen, dass alles aus dir heraus entspringt und das keinerlei Umstände für dein Leben verantwortlich sind. Wirst du in deinem Leben oft verletzt? Dann schaue in dich hinein und spüre, welche Teile in dir dieses Schicksal anziehen. Akzeptiere dann umgehend diesen Seelenteil von dir.

Du sträubst dich oft negative Gefühle zu akzeptieren und strebst nur nach dem Guten? Auch die Dinge, die dir nicht gut tun, musst du annehmen. Die vermeintlichen dunklen Seiten von dir lassen sich nicht einfach ausklammern, da sie in Form von unzähligen Energien in dir festsitzen. Statt sie zu ignorieren, kannst du sie einfach gezielt annehmen. Erst dann werden sie sich auf gesunde Weise auflösen.

Weißt du, was bedingungslose Liebe bedeutet? Dies ist in Wahrheit nichts romantisches, sondern ein selbstverständliches Grundprinzip des Lebens. Es bedeutet, dass du für alles auf der Welt eine Grundliebe bewahrst. Damit sind auch alle Dinge gemeint, die dir persönlich widerfahren. Wenn du bedingungslos liebst, dann akzeptierst du voller Hingabe den Lauf der Dinge. Wenn du dich hingibst, dann kann dich nichts mehr gefährden. Praktiziere diese bedingungslose Liebe für deine komplette Existenz – Ob negativ, oder positiv, nehme alles im Leben an. Die negativen Seiten in dir werden dich nicht vernichten, sondern dich konfrontieren und wachsen lassen. Sei bereit, deine Dunkelheit zu empfangen und fliehe nicht vor ihr. So kannst auf eindrucksvolle Weise die Möglichkeit nutzen, ein ganzer Mensch zu werden. Lege dein Schicksal in die Wiege eines Urvertrauens und sei bereit, alles in dir zu akzeptieren.

Weißt du, was Selbstakzeptanz bedeutet? Es bedeutet Selbstbejahung. Wenn du etwas bejahst, dann wird es dir keinen Schaden mehr zufügen. Erst wenn du Teile in dir verneinst, weil du sie nicht akzeptieren kannst, wirst du an diesen schlummernden Teilen in dir zerbrechen.

Versuche Perfektionismus zu vermeiden. Perfektionismus ist die Unfähigkeit, das eigene Sein ohne Wertung zu akzeptieren. Es ist ein Muster, welches dich niemals entspannen lässt und dich in einen Zustand völliger Rastlosigkeit versetzt. Es gaukelt dir vor, dass deine Person anders sein könnte, als sie in diesem Moment tatsächlich ist. Hier handelt es sich um einen Irrglauben, da jeder Moment bereits die Vollkommenheit inne trägt.

Du kannst bewusst damit aufhören, dein Selbst zu verneinen. Es bringt nichts Förderliches mit sich, außer das quälende Gefühl falsch zu sein. Diese Art der Selbstverneinung entspricht nicht dem spirituellen Weg. Wenn du dein Ich zugunsten einer höheren Einheit austauschen möchtest, dann geschieht das mit grundlegender Selbstbejahung. Wenn du Ja zu dir sagst, dann besitzt du eindeutig mehr Raum, universelle Wahrheiten in dir zu empfangen. Erst durch vollkommene Selbstakzeptanz kannst du dein irdisches Dasein integrieren und dich weiterentwickeln. Du wirst dich jedoch auf deinem spirituellen Weg verlieren, wenn du deinem Selbst mit ständigem Hass entgegentrittst.

Jeder von uns hat Vorstellungen und Ideale, wie er zu sein hat. Die meisten von uns ruhen solange nicht, bis das angestrebte Idealbild erreicht ist. Eine solche Lebensart führt dich auf Irrwege, da Ideale einfach niemals erreicht werden können. Sie sind vielmehr blasse Ideen, die nur durch deine Gedanken am Leben bleiben. Es ist tatsächlich förderlicher, sich von seinen Idealen zu trennen und seine innewohnende Wahrheit zu leben. Du brauchst keine Furcht haben, ohne deine Ideale ein schlechter Mensch zu werden. Ideale stellen immer einen Mangel in dir dar, eine Kluft, die du nicht überwinden kannst und deshalb leidest.

Der Wert deiner Existenz ist in jeder Sekunde deines Lebens grenzenlos. Messe deinen Wert nicht an oberflächlichen Lebensleistungen. Alleine durch das bloße Sein ist deine Person bereits durch den Schimmer einer göttlichen Natur erhellt. Es sind radikal falsche Überzeugungen, die dir sagen, du müsstest etwas Bestimmtes verkörpern, um wertvoll zu sein. Mache dein Selbstwert davon nicht abhängig. Leistung kann daher niemals deinen Wert widerspiegeln.

Das Sein ist Grund und Zweck genug. Wenn du das einsiehst, bist du frei und wirst in deinem Ausdruck nicht mehr gelähmt sein. Wenn du wirklich akzeptierst, dass deine bloße Existenz Wahrheit genug ist, dann wirst du voller Klarheit und Vitalität das Leben annehmen können.

Akzeptanz kann als eine hoch spirituelle Übung gesehen werden. Das annehmen, was ist, stellt eine wichtige Aufgabe im Leben jedes Menschen dar. Wenn du alles annimmst, dann verschwinden deine Widerstände gegen. Widerstände sind nur da, wenn du dich gegen den Lauf der Dinge stellst. Wenn die Widerstände verschwinden, dann wirst du ein freier Mensch werden. Du kannst das Annehmen natürlich gezielt üben:

Sage zu deinem Inneren: Ich nehme an, was ist. Ich nehme an, was war. Ich nehme an, was sein wird. Ich nehme mich selbst so an, wie ich bin. Ich nehme alles im Leben an, was mir passiert.

Übe diese Sätze bei der Meditation. Sie werden dich von deiner beengten Perspektive befreien und dich mit dem nötigen Urvertrauen bestücken. Wenn du das Leben annimmst, dann wirst du deine Lebensangst minimieren können. Die Angst vor deinem Tod wird schwindend gering – weil du selbst diesen Aspekt der Vergänglichkeit in dir mit ganzem Herzen akzeptieren wirst.

Leersein bedeutet Freisein

Leersein ist mit Freisein gleichzusetzen. Wenn du leer bist, dann besitzt du Raum für deine spirituelle Entfaltung. Leerheit ist dabei unmittelbar mit tiefer Freude verbunden. Warum ist Leere so positiv? Weil es der natürliche Zustand tief gelebter Spiritualität ist. Innerhalb deiner Leere werden keine Gedanken, keine Zweifel aufkommen, dass irgendetwas mit dir oder der

Welt nicht in Ordnung ist. Keine störenden Widerstände mehr sondern die völlige Bereitschaft, sich als universeller Teil der Erde zu fühlen.

Leere ist etwas anmutiges. Tatsächlich ist der Begriff bei uns mit allerlei Missverständnissen behaftet. Für uns bedeutet Leere oftmals Plumpheit. Oft wird diese gleichgesetzt mit einem faden Gefühl der Sinnlosigkeit und mit einem unausgefülltem, gar langweiligem Leben. Das ist aber nicht wahr. Dein Verständnis von der Leere ist gar keine Leere, sondern eine Überladung an Möglichkeiten, die du nicht einordnen kannst. Echte Leere ist endlos weit. Echte Leere ist unendliche Ausdehnung und Einheit. Es ist die Möglichkeit, dich als Teil des Ganzen zu empfinden, ohne an einer schmerzhaften Trennung zu leiden.

Wenn du leer bist, dann bist du für alles im Leben sehr empfänglich. Es ist ein Zustand sehr bewusster Selbstvergessenheit. Du bist leer in dir, also hast du auch nichts mehr in dir, was dich von deinem Glück abhält. In dieser Leere kannst du dein lebendiges Glück verkörpern. Du bist dann wie ein weißes Blatt Papier, welches mit Kinderaugen alles neutral betrachten kann, ohne an etwas zu zweifeln oder zu leiden.

Echte Leere ist endlose Fülle. Du bist nicht mehr voll von dir. Du bist nicht überladen von tausend Gedanken, die dich vom Moment abtrennen, sondern endlos frei wie der Himmel. Vielleicht wirst du sagen, dass du gar keine Leere haben möchtest, dass du viel lieber zu Gott beten möchtest, um dich erfüllt zu fühlen. Das ist aber kein Widerspruch, denn die Leere ist ein Bewusstseinszustand, der unabhängig von allem ist. Es ist ein Zustand der völligen Empfänglichkeit. Wenn du leer bist, dann wirst du auch den Funken göttlicher Einsichten empfangen können, weil du genug Platz dafür haben wirst.

Manchmal kann es sein, dass du plötzlich völlig leer und achtsam bist. Kennst du diese Zustände? Sie können einfach so über dich kommen, wenn du Stress hast oder emotional schockiert bist: Plötzlich spürst du eine tiefe Erkenntnis und bist völlig präsent im Moment. Du bist von dir weggekommen und fühlst dich unendlich leicht. Diese unendliche Leichtigkeit ist die Leere.

Du kannst üben leer zu sein. Aber um leer zu sein, musst du all deine Lebensbereiche bewusst konfrontieren. Du musst Verantwortung übernehmen, damit du die Dinge akzeptierst. Wenn du sie akzeptierst, werden sie nicht mehr dein Sein benebeln und du hast die Möglichkeit, dich in deinem Ausdruck zu entfalten.

Auch hier stellt Meditation ein bewährtes Mittel dar. Es ist ein Schlüssel zu deiner Leerheit, die im wahrsten Sinne die völlig erfüllende Fülle ist. Leere ist auch ewige Weite. Du bist in dir so ausgedehnt, dass es keine Schranken mehr gibt. Du bist in diesem Moment alles. Du bist von nichts getrennt. In diesem Zustand kannst du gar nicht leiden, weil du einfach nur ein blanker Beobachter deines Lebens wirst.

Leere kannst du nicht erzwingen. Die unendlichen Möglichkeiten ein unberührter Fleck in deiner Existenz zu sein, entwickelt sich durch viel Übung und Bewusstheit. Du musst daher die Bereitschaft haben, dein ganzes Leben bewusst anzunehmen.

Wie du vielleicht vermuten wirst, ist diese Leerheit mit grenzenloser Liebe gleichzusetzen. Wenn du leer bist, dann entwickelst du Raum für ein Gefühl der bedingungslosen Liebe. Du kannst alles annehmen, nichts kann dich behindern. Du wirst somit frei und voller Hingabe sein.

Das Selbst als Einheit

Was ist das Einheitsselbst? Ist nicht dein Selbst bereits die völlige Einheit? Das ist richtig. Im Grunde deiner Existenz bist und warst du niemals getrennt von der Welt. Auch wenn deine subjektive Wahrnehmung oder die Sprache, welche du im Alltag verwendest, eine künstliche Trennung schaffen wollen. Ich und du. Sie und Er. Wir reden Tag ein, Tag aus in künstlichen Dualismen, die gar nicht existent sind.

Warum ist das Einheitsselbst ein spiritueller Zustand? Spüre doch mal in dich hinein. Kannst du wirklich beseelte Spiritualität in dir verkörpern, wenn du alleine als isoliertes Wesen gegen die Welt kämpfst und dabei jeden Tag an deiner Trennung leidest? Trennung ist Schmerz. Einheit ist Liebe. In manchen Momenten fühlst du dich mit allen um dich herum verbunden: mit der Natur, den Vögeln, Menschen und Wolken: Ist das nicht ein vollkommener Zustand der Seligkeit?

Warum ist es so schwer, meinen grenzenlosen Einheitszustand zu erkennen? Du bist voll von dir und dieses Völlegefühl gaukelt dir stets deine isolierte Existenz vor. Wenn du Leerheit übst, dann wirst du dich automatisch ausdehnen. Du wirst keine Widerstände haben, diesen Zustand der Glückseligkeit zu akzeptieren. Wenn es im Zen-Buddhismus heißt, dass der Zustand völliger Einheit bereits da ist, aber von uns nicht erkannt werden kann, dann ist das absolut richtig. Deine Gedanken und subjektiven Gefühle sind Wolken, die dich vom Sonnenlicht trennen. Sie halten dich künstlich gefangen in einem Gefängnis der Konzepte und eines Ich-Bildes, welches von dir selbst und der Außenwelt gestützt wird.

Dennoch gibt es in deinem Leben immer wieder Momente, in denen es spontan in dir hochblitzt - ich bin ein untrennbarer Teil vom Ganzen: Nie isoliert, immer eins. Diese Momente sind stets Zustände völliger Seligkeit. Es ist pure Mystik. Wenn du nicht mehr an deinem Ich-Bild festklammerst, wenn du dich aus der Isolation befreist, dann winken dir wahrhafte Momente. Das Einheitsselbst ist kein wirkliches Selbst mehr. Du bist in dem Moment alles und nichts, aber im Grunde grenzenlose Freiheit.

Jedoch kann es sehr gefährlich sein, jene mystischen Zustände willentlich zu erzeugen, um sich in einen Glücksrausch zu katapultieren. Diese Zustände sind verlockend und doch trügerisch. Du solltest sie nicht nutzen, um dich als Individuum mächtiger zu fühlen: Vielmehr kannst du diese Zustände einfach unspektakulär zulassen, wenn sie über dich kommen und sie als das Selbstverständlichste im Leben akzeptieren. Wenn du einige Zeit Bewusstheit übst, deine hartnäckigen Schatten integriert hast, dann wird sich die harte Schale deiner Ich-Identität langsam auflösen. Es wird ein ganz flüssiger und homogener Prozess der Bewusstseinserweiterung werden: Nichts unglaublich Aufregendes, nichts Spektakuläres. Es wird sich anfühlen, wie dein Heimkehren in einen völlig natürlichen Zustand. Etwas, das immer schon da gewesen ist. Es lohnt sich nicht dem Einheitszustand zu frönen. Wenn du zur Einheit wirst, dann kannst du in grenzenloser, strahlender Liebe aufblühen. Du wirst eine neue Freiheit besitzen und nicht mehr auf ein winziges, gefangenes Ich beschränkt sein.

Gehe in dein Innerstes hinein, werde ganz ruhig und stelle dir folgende Frage: Wer bin ich? Hast du eine Antwort darauf oder kommen dir nur Ideen, Gedanken und Konzepte deiner Merkmale und Charaktereigenschafen in den Sinn? Du wirst sehen, dass du das, was du denkst zu sein, nicht bist. Ganz im Gegenteil: Solange du denkst, etwas zu sein, bist du nicht. Der für den Philosophen Descartes allgemeingültige Satz "Ich denke, also bin ich", kann getrost verneint werden. Lasse also deine Gedanken völlig los. Erblühe zu einem ganzheitlichen, über alle Lebensbereiche strahlenden Sein und du wirst vollständig zur Freiheit erwachen. Diese Freiheit wird so ruhig, so leicht und so selbstverständlich sein, wie die Luft, die deine Lungen durchströmt.